主日礼拝の祈り

越川弘英　吉岡光人 監修

日本キリスト教団出版局

はじめに

　本書は主日礼拝の祈りを例示する祈禱集です。

　礼拝は私たちキリスト者が神の御前に共に集い、神と出会い、神と交わる出来事です。そして祈りは礼拝において私たちが神に語りかけ、神と対話するためのもっとも大切な行為のひとつにほかなりません。

　私たちキリスト者は生活のあらゆる場面で神と共に生きる者であり、様々な時に神への祈りをささげます。祈りは神への賛美や感謝であり、また私たちの嘆きや苦しみの訴え、慰めや癒しを求める神への願いです。罪を告白する祈り、隣人やこの世界の様々な課題に関わる執り成しの祈り、そしてすでに世を去った人々を覚えてささげられる祈りもあります。

　そのような私たちの祈りの生活において、主日礼拝の祈りはすべての祈りの原点あるいは基本であり、教会にとって、また個々の信仰者にとって大切な働きを担っています。

　主日礼拝の祈りが大切なのは、まず、この祈りを通して私たちが公同かつ共同のかたちで神と出会うからです。会衆を代表して祈る人の言葉を通して、あるいは共に声を合わせて祈る会衆自身の声を通して、私たちは神に語りかけます。私たちはそれぞれの祈りを持ちより、ひとつの祈りをささげます。礼拝における祈りは神の御前で私たちがひとつの「神の民」であることを証しする行為です。そしてそれは私たちが、教会の「枝」あるいは「肢体」として「キリストの体」である「教会」を形作ることにもつながる出来事です。このような意味において、主日礼拝の祈りはキリスト教会にとって、かけがえのない重要性を持っています。

主日礼拝の祈りが大切である第二の理由は、この祈りにあずかることによって、私たち一人ひとりの祈りと信仰が養われることになるからです。私たちは「神の民」のひとり、また「教会」の一員として、主日礼拝の祈りを自分の祈りとして受け入れ、分かち合います。この祈りを私たちは日々の生活の中に持ち帰り、それぞれの祈りにおいて共有します。主日礼拝の祈りは「どのように祈るのか」「何を祈るのか」を私たちに教え、私たちの祈りの生活を豊かに育み、私たちの信仰を形作ります。さらにまた主日礼拝の祈りは、私たちが神と結ばれた存在であり、主にある兄弟姉妹の交わりに生きる者であることを教えるのです。

　本書はこのような趣旨を踏まえ、一年間の教会暦に即して主日礼拝の祈りを例示しています。内容は「開式の祈り」「行事の祈り」「罪の告白の祈り／執り成しの祈り／奉献の祈り（献金後の感謝の祈り）」に分けられていますが、ほとんどの教会における主日礼拝の祈りの中には、これらの内容が何らかのかたちで含まれていると思います。

　本書の祈りはそのまま用いることもできますが、それぞれの教会の方針や習慣によって表現を改めたり内容を編集したりすることはなんらさしつかえありません。むしろこれらの祈りをひとつのモデルとして柔軟に活用していただき、本書がそれぞれの教会における豊かな礼拝形成のための資料として用いられることを心から願っています。

2017 年 10 月
監修　越川弘英
吉岡光人

『主日礼拝の祈り』 ＊ 目次

はじめに *3*

本書の内容と用い方 *8*

開式の祈り

降誕前第9主日 *12*
降誕前第8主日 *13*
降誕前第7主日 *14*
降誕前第6主日 *15*
降誕前第5主日 *16*
降誕前第4主日・
　待降節第1主日 *17*
降誕前第3主日・
　待降節第2主日 *18*
降誕前第2主日・
　待降節第3主日 *19*
降誕前第1主日・
　待降節第4主日 *20*
降誕日（夜） *21*
降誕日 *22*
降誕節第1主日 *23*

降誕節第2主日 *24*
公現日 *25*
降誕節第3主日 *26*
降誕節第4主日 *27*
降誕節第5主日 *28*
降誕節第6主日 *29*
降誕節第7主日 *30*
降誕節第8主日 *31*
降誕節第9主日 *32*
降誕節第10主日 *33*
降誕節第11主日 *34*
灰の水曜日 *35*
復活前第6主日・
　受難節（四旬節）第1主日 *36*
復活前第5主日・
　受難節（四旬節）第2主日 *37*

復活前第4主日・
　受難節（四旬節）第3主日　*38*

復活前第3主日・
　受難節（四旬節）第4主日　*39*

復活前第2主日・
　受難節（四旬節）第5主日　*40*

棕梠の主日・復活前第1主日・
　受難節（四旬節）第6主日　*41*

洗足木曜日　*42*

受難日　*43*

復活日・復活節第1主日　*44*

復活節第2主日　*45*

復活節第3主日　*46*

復活節第4主日　*47*

復活節第5主日　*48*

復活節第6主日　*49*

昇天日　*50*

復活節第7主日
　（昇天後主日）　*51*

聖霊降臨日・
　聖霊降臨節第1主日　*52*

聖霊降臨節第2主日
　（三位一体主日）　*53*

聖霊降臨節第3主日　*54*

聖霊降臨節第4主日　*55*

聖霊降臨節第5主日　*56*

聖霊降臨節第6主日　*57*

聖霊降臨節第7主日　*58*

聖霊降臨節第8主日　*59*

聖霊降臨節第9主日　*60*

聖霊降臨節第10主日　*61*

聖霊降臨節第11主日　*62*

聖霊降臨節第12主日　*63*

聖霊降臨節第13主日　*64*

聖霊降臨節第14主日　*65*

聖霊降臨節第15主日　*66*

聖霊降臨節第16主日　*67*

聖霊降臨節第17主日　*68*

聖霊降臨節第18主日　*69*

聖霊降臨節第19主日　*70*

聖霊降臨節第20主日　*71*

聖霊降臨節第21主日　*72*

聖霊降臨節第22主日　*73*

聖霊降臨節第23主日　*74*

聖霊降臨節第24主日・
　（聖霊降臨節最終主日）　*75*

行事の祈り

元旦礼拝　78
信教の自由を守る日　78
世界祈祷日　78
労働聖日（働く人の日）　79
母の日　79
アジア・エキュメニカル週間　79
子どもの日（花の日）　80
日本基督教団創立記念日　80
平和聖日　80
世界聖餐日、世界宣教の日　81

神学校日　81
伝道献身者奨励日　81
信徒伝道週間　82
教育週間　82
宗教改革記念日　82
聖徒の日（永眠者記念日）　83
障害者週間　83
収穫感謝日　83
謝恩日　84
社会事業奨励日　84

罪の告白の祈り／執り成しの祈り／奉献の祈り（献金後の感謝の祈り）

罪の告白の祈り　86
執り成しの祈り　104
奉献の祈り（献金後の感謝の祈り）　120

教会暦の構造　132
行事一覧　133
執筆者一覧　134

装丁　桂川　潤

本書の内容と用い方

〔本書の内容〕

　本書に含まれる祈りは「開式の祈り」「行事の祈り」「罪の告白の祈り／執り成しの祈り／奉献の祈り（献金後の感謝の祈り）」から構成されています。

　「開式の祈り」は、教会暦に沿って各主日の位置づけとその日の主題を提示することを念頭に置き、礼拝の始まりの部分で用いることを想定しています。この祈りの主な内容は、礼拝に集う会衆の賛美と感謝を言いあらわすことにあります。なお本書は日本キリスト教団出版局聖書日課編集委員会の教会暦と聖書日課を土台としているため、1年の始まりはクリスマス（12月25日）から9週前の主日となります。この教会暦についての詳しい解説は『新しい教会暦と聖書日課』を、またその年の実際の教会暦については毎年発行されている『主日聖書日課・家庭礼拝暦――日毎の糧』をご覧ください（いずれも日本キリスト教団出版局。なお本書巻末の「教会暦の構造」と「行事一覧」も参照してください）。

　「行事の祈り」は、日本基督教団の定めている「元旦礼拝」や「信教の自由を守る日」などといった特定の行事を踏まえて、それぞれの意味に関連した内容の祈りとなっています。この部分は行事の指定する日に即して、「開式の祈り」に付加するかたちで用いることを想定しています。

　「罪の告白の祈り」は、神の御前で会衆が自らを振り返り、罪を言いあらわす祈りであると同時に、神の赦しによって私たちが新たなものとされ、さらに深く豊かな神との交わりにあずかることを求める祈りです。

「執り成しの祈り」は、この世と隣人に対するキリスト者の責任を想起しつつ、教会が他者のために祈願する内容の祈りです。

最後の「奉献の祈り（献金後の感謝の祈り）」は、神への感謝のしるしであり、また私たちの献身のしるしである奉献（献金）と共に行われる祈りです。

〔本書の用い方〕

これらの祈りはそれぞれの教会の礼拝の状況に応じ、適切な場面で柔軟に使用することを想定して編集されています。

現在、比較的多くの教会で行われている、いわゆる「牧会祈禱」を前提として考えるならば、「開式の祈り」から「行事の祈り」「罪の告白」「執り成しの祈り」を一連の祈りとして組み合わせて祈ることも可能です。

他方、主日礼拝の祈りは、一時にすべての祈りを祈るよりも、礼拝の中のそれぞれふさわしい位置に分散して祈るという考え方もあります。その背後には、こうすることによって、会衆がそれぞれの祈りの意味と焦点をはっきり意識しながら、共に祈りに参与できるようにするというねらいがあります。このような視点からすれば、例えば礼拝の最初に「開式の祈り」及び「行事の祈り」を置き、聖書朗読の前に「罪の告白の祈り」を、説教後に「執り成しの祈り」を、そして奉献（献金）に際して「奉献の祈り（献金後の感謝の祈り）」を配置するといった方法も考えられます。

次に、これらの祈りの「祈り方」ですが、一般的な代禱形式（司式者や牧師が会衆を代表して祈る形式）の他に、会衆全員で朗読・朗唱する形式、また司式者と会衆が交読・交禱する形式が考えられます。共に祈ることを通して、会衆が礼拝に積極的に参与

することは、個々人の祈りと信仰に関わる意義深い経験となるだけでなく、教会と礼拝を共に形作る大切な働きとなることでしょう。

　本書は成文化された祈禱以外の祈り、すなわち「自由祈禱」を否定するものではありません。各人が自らの言葉で心を込めて祈る自由祈禱は、日本のプロテスタント教会において尊重されてきた祈りのかたちです。重要なことは、自由祈禱と成文祈禱のそれぞれの長所を活かしながら、主日礼拝の祈りをさらに豊かなものとしていくことにあると思います。

　そのような考え方からすれば、例えば、代禱者が成文祈禱に続けて自由祈禱を組み合わせて祈るという方法が考えられます。あるいはそれぞれの成文祈禱の前後などに「黙禱」の時間を設けて、沈黙のうちに各人が自由な祈りをささげることも可能です。すなわち、「罪の告白の祈り」の前に「自らを省み、神の御前に罪を告白しましょう」と司式者が呼びかけ、しばらく黙禱した後、成文祈禱で祈ることもできるでしょう。

　祈りの内容や祈り方など、それぞれの教会の創意工夫を加えて本書をご活用いただければ幸いです。

　なお、本書の「罪の告白の祈り／執り成しの祈り／奉献の祈り（献金後の感謝の祈り）」の中には『日本基督教団　式文（試用版）主日礼拝式・結婚式・葬儀諸式』（日本基督教団信仰職制委員会編、2006年）から転載させていただいたものが含まれています（「『式文（試用版）』より転載」と明記）。この場を借りて、転載をご許可いただいた日本基督教団信仰職制委員会委員長藤盛勇紀氏に感謝を申し上げます。

開式の祈り

■ 降誕前第9主日

天地を創造された神さま、

今日から教会暦は新しい期節(きせつ)に入り、主の降誕に備える9週間が始まります。

その最初に、わたしたちが生きているこの世界、わたしたち自身の命、そのすべてが、あなたの創造によって与えられたことを覚えます。

すべては、あなたによって良いものとして生み出されました。この世界も、そこに生かされているわたしたちも皆、あなたから祝福を受け、良いものとして生み出されたことを覚えます。

わたしたちの存在そのものに、あなたからの祝福が与えられていることを覚えさせてください。

これから始まる降誕日までの9週間を、あなたから与えられたキリストを迎える、備えの時として過ごさせてください。

御名によって祈ります。アーメン。

■ 降誕前第8主日

命を与え、人生を導いてくださる神さま、
わたしたちはあなたから愛され、生かされています。そして、いつもあなたの見守りの中を歩んでいます。
けれども、あなたへと心を向けることを忘れる時、わたしたちは隣人を傷つけ、自分の存在をないがしろにしてしまいます。自分の過ちに気づいた時、恐ろしくなって、あなたからも逃げ出してしまいます。

それでも、どんな時にもあなたの愛はわたしたちに注がれています。わたしたちが立ちかえることを、あなたはいつも待っていてくださいます。
わたしたちのために救い主が与えられています。希望をもってあなたへと立ちかえり、新たに歩み出すことができますように。

わたしたちのこの弱さを憐れんでください。そして、あなたに与えられた救い主への希望を覚えて歩むことができるように、お導きください。
御名によって祈ります。アーメン。

■ 降誕前第7主日

アブラハムに祝福の約束を与えられた神さま、
あなたはわたしたちにも声をかけ、導き、祝福を与えてくださいます。
けれども、アブラハムはあなたから与えられた約束がなかなか実現されなかった時、あなたに訴えました。
わたしたちも、あなたから多くの良いものをいただきながら、まだ何か足りないものがあるのではないかと思い惑い、不安にかられることを懺悔(ざんげ)します。

あなたはアブラハムを決して見放されませんでした。ありのままのアブラハムと共に歩み、導いて行かれました。そして、アブラハムもあなたを信じる道を歩み続けました。
わたしたちもあなたからいただいているものに目を留め、ありのままを受け入れていただいていることに気づかせてください。
祝福の約束が与えられていることに、信頼して歩む者としてください。
御名によって祈ります。アーメン。

■ 降誕前第6主日

モーセに語りかけられた神さま、
モーセに使命を与えられる時、あなたは「わたしは必ずあなたと共にいる」と約束されました。
モーセがあなたからの召し出しに応(こた)えて歩み出した道には、次々と困難が襲いかかりました。使命は決して簡単に果たせるものではなく、辛(つら)く厳しい現実が続きました。
それでも、神が共にいてくださるという希望によって、モーセは歩み続けました。

わたしたちが生かされている現実も、理想からはほど遠く、わたしたちはその中で悩み苦しみます。現実を変える力も、わたしたちにはありません。
けれどもその中を生きて行く時、わたしたちは独(ひと)りぼっちで放り出されているのではなく、共に歩んでくださる神がおられることを知らされます。
それがわたしたちの希望であり、慰(なぐさ)めであり、生きる支えです。
いつもあなたが共にいてくださることを覚えて歩むことができるように、お導きください。
御名によって祈ります。アーメン。

Ⅰ 開式の祈り

■ 降誕前第5主日

わたしたちを導く王なる神さま、

かつてダビデが王となった時、イスラエルの人々は、神の救いの約束が実現したと考えました。けれどもダビデの地上の王国は、はかなく消え、その救いが続くことはありませんでした。

あなたはわたしたちにまことの王なるキリスト、イエスを与えてくださいました。強い権力によって人々を支配するこの世の王ではなく、最も小さな者の一人に仕える生き方を示されたイエスです。

イエスこそ、先立って進まれる神が目指される世界をわたしたちに指し示し、導かれる王であるキリストです。キリストは滅びることのない神の国を伝え、神が今もこの世界を導いておられることを知らせてくださいました。

そのことを覚えながら、来週から始まる待降節を迎えることができますように。

御名によって祈ります。アーメン。

■ 降誕前第4主日・待降節第1主日

世界を創造され、また完成される神さま、

あなたの創造された世界は、あなたの光の中に置かれています。けれどもわたしたちが目にする現実の世界は、そのことが信じられないような争い、偽(いつわ)り、理不尽な不幸に満ちています。

かつて苦しい現実の中で、救い主の誕生を待ち望んだ人々がありました。そして今、わたしたちは、与えられた救い主イエス・キリストによって知らされた、あなたの愛を信じながら、世界が完成に向かう時の中を生きています。

今日から教会の暦(こよみ)は待降節に入り、わたしたちは主の到来を待ち望む時を過ごしていきます。それは、かつてこの世界に来られた主イエス・キリストの降誕を記念する時を待つことです。

けれどもそれだけではなく、待降節はキリストが再びこの世界を完成するために来られる時を、わたしたちが今、待ちながら過ごしていることを覚える時でもあります。

世界のすべてがあなたの光の中に置かれていることを覚えさせてください。あなたの光へと心を向けて歩ませてください。

御名によって祈ります。アーメン。

Ⅰ 開式の祈り

■ 降誕前第 3 主日・待降節第 2 主日

いつの時代にもわたしたちに語りかけてくださる神さま、人間の言葉は、時代と共に変わっていきます。

人間は時の権力やお金の力に目を奪われやすく、欲望に誘う言葉は人々をひきつけます。誘惑の言葉が行き交う世界にあって、預言者はあなたの言葉をあずかり、人々に語り聞かせました。神に背き、離れ去り、罪に堕ちた人間に神の愛の言葉が注がれました。

多くの人は、預言者が語る神の言葉を受け取ろうとしませんでした。けれども聴いて信じ、神の言葉によって生かされた人たちがありました。

神の言葉を伝えようとする働きによって、あなたの言葉は時代を超えて語り継がれ、今、わたしたちにまで届けられています。

あなたの言葉は、わたしたちの立ちかえりをいつもあなたが待っていてくださることを告げています。

また、執り成してくださる主イエスがこの世界に与えられることを告げています。

わたしたちを、人を生かすあなたの言葉を聴いて信じる者とし、あなたへと立ちかえることができるように、お導きください。

御名によって祈ります。アーメン。

■ 降誕前第 2 主日・待降節第 3 主日

天の高みから地の低さに降(くだ)って、天地をご覧になる神さま、主の降誕を待ち望むこの時、わたしたちが生きるのは、小さな者が大事にされず、人がお互いを傷つけ争い合う、希望の見えにくい世の中です。
この世で正義が実現する時が来るのか、平和はやって来るのかと、希望を持つことが空(むな)しく、困難にしか感じられない現実があります。

けれども聖書は、希望がないように見える場所にこそ、神が希望を与えてくださることを伝えています。救い主の降誕という希望が聞こえてくる場所は、希望がないと思われている場所なのです。

わたしたちの信じる神は、この世界の低い場所に目を留められる神であることを覚えつつ、待降節の時を歩ませてください。
御名によって祈ります。アーメン。

■ 降誕前第1主日・待降節第4主日

いつもわたしたちと共にいてくださる神さま、

昔も今も、生きることには喜び楽しみばかりでなく、苦しみや悩みが伴います。思いがけない辛い出来事も、わたしたちを襲います。

そんな時、誰もわかってくれない、誰も助けてくれないと思うと、わたしたちは生きる望みを見失ってしまいます。

孤独に沈むわたしたちに神の愛を伝え、いつでも一緒にいてくださることを伝えるために、この世界に神の子イエスがお生まれになりました。

待降節の間、わたしたちは救い主の誕生を長い間待ち望んだ人間の歴史をたどってきました。

いよいよ、「神、我らと共にいます」と呼ばれるイエスが来られたことを祝うクリスマスを迎えます。

あなたがいつも共にいてくださる喜びを忘れずに、希望をもって人生を歩んで行くことができるように、お導きください。

御名によって祈ります。アーメン。

■ 降誕日（夜）

闇の中に光を創造し、絶望の中に希望を与える神さま、
今宵、わたしたちは、まことの光、まことの希望である救い主、主イエス・キリストの誕生を祝うために集いました。

主なる神さま、感謝します。あなたは罪と悪の力のもとに苦しむわたしたち人間をかえりみ、あなたの独り子(ひと)であるイエス・キリストを送ってくださいました。御子は、まことの光、まことの希望、まことの救いとして、この世界にお生まれになりました。御子はすべての人間の隣り人となり、ことに悲しむ人々、苦しむ人々、不安と孤独の中にある人々の隣り人となってくださいました。そして御子は、その御言葉と力ある業(わざ)によって、あなたの計り知れない恵みと慈しみをあらわし、神の国の喜びを証ししてくださいました。

主なる神さま、今、この礼拝に集うわたしたちに、御子イエス・キリストの誕生とその生涯、十字架と復活の出来事を、再び想い起こさせてください。二千年の昔、ベツレヘムの空に輝いた星を想い、御子の誕生に立ち会った羊飼いや学者たち、そのほか多くの人々のように、わたしたちを御子のもとへ導いてください。感謝と謙虚な思いをもって御子の御前に集い、互いに喜びを分かち合い、共にこのクリスマスを祝うことができますように。

飼い葉桶(おけ)に眠る主イエス・キリストの御名によって祈ります。アーメン。

I 開式の祈り

I 開式の祈り

■ 降誕日

恵みと憐れみに富みたもう主なる神さま、

あなたの独(ひと)り子、主イエス・キリストの誕生を祝うクリスマスの礼拝にわたしたちを招き、ここに集めてくださったことを感謝します。

あなたは、この世界の救いのために御子イエス・キリストを贈ってくださいました。御子はひとりの人間として地上に生まれ、わたしたちと同じ喜びと悲しみ、苦しみと悩みを味わいながら、生涯を歩まれました。御子は御言葉と御業(みわざ)によって神の国の福音を告げ、あなたの栄光をあらわされました。そして御子は十字架の死、復活と昇天を経て、あなたの御許(みもと)に座しておられます。

主なる神さま、わたしたちは御子イエス・キリストが再びこの世にやって来られる日を待ち望みます。あなたの御心が天と同じく、地上でも完全に実現する日が来ますように。悲しむ者に喜びが、心乱れている者に平安が、恐れ脅(おび)えている者に勇気が、対立する者の間に和解が、そしてすべての人々の上に主の恵みが与えられますように。

主なる神さま、御子イエス・キリストが、この世界とわたしたちのために、すべてをささげられたことを覚えます。ここに集うわたしたちが、深い感謝の思いをもってクリスマスを祝い、信仰を新たにすることができますように。

御子イエス・キリストの御名によって祈ります。アーメン。

■ 降誕節第1主日

世界を導かれる神さま、

東方の占星術の学者たちが星に導かれて、イエスと出会ったことを聖書から聞きました。

人生を導く大切なものを見つけた時、彼らは旅立ちました。

わたしたちも、この世界に救い主が与えられたことを聞いています。

わたしたちは今日、この一年で最後の主日礼拝に集っています。

この一年、わたしたち自身の人生の歩みにおいても、わたしたちが生きるこの世界においても、さまざまな出来事がありました。

とくに今、この国も世界も、行く先を見失っているようです。目先のことに惑(まど)わされ、多くの人が右往左往しています。

けれども、わたしたちを導く星があることを思い出させてください。

あなたへと心を向けて旅立ち、旅人として時間の流れの中を歩ませてください。

来たる新しい一年と教会の歩みを祝福してください。わたしたちが、毎週の礼拝を重ねながら、共に人生の旅路を歩めるように、導いてください。

御名によって祈ります。アーメン。

■ 降誕節第2主日

いつも新たにわたしたちと出会い、すべての関係を新たにされる神さま、

クリスマスの喜びの中で新しい年を迎えました。

この一年、どんなことがわたしたちを待っているのか、わたしたちにはわかりません。でも確かなことは、イエス・キリストがいつもわたしたちと共にいてくださることです。

クリスマスの知らせを聞いたわたしたちは、なおもそれぞれに重荷を負い、不安を抱えています。多くの人々が病と共に生きています。自分の弱さにうんざりし、さまざまな感情に振り回され、疲れています。

イエス・キリストがそのようなわたしたちの肉の現実をすべて知ってくださり、わたしたちの間で共に生きてくださることは、わたしたちの大きな慰(なぐさ)めであり力です。

神よ、どんな困難にあっても未来を切り開き、時を前進させるあなたの御腕に信頼して、感謝と喜びをもって新しい年を歩み続ける者としてください。そのために、わたしたちの信仰を強めてください。

この一年も、この場所で祝われる礼拝を祝福し、支配し、導いてください。わたしたちを生かし、道を示すあなたの御言葉を与えてください。わたしたちが、御言葉に押し出され、与えられた言葉を携えてこの世界に出て行くことができますように。

世の終わりまでわたしたちと共におられる、主イエス・キリストの御名によって祈ります。アーメン。

■ 公現日

主なる神さま、

御子イエス・キリストの〈公現〉を覚え、感謝の祈りをささげます。

御子イエス・キリストは、まことの人間としてこの世に生まれ、人間の味わう苦しみや悲しみ、悩みや不安を分かち合い、わたしたちの救いの基(もとい)となってくださいました。

御子が生まれた時、東方の学者たちは主を拝み、喜びたたえました。御子は民族や人種、世代や性別、さまざまなへだての壁を超える、平和のいしずえとなってくださいました。感謝いたします。

御子イエス・キリストは、洗礼者ヨハネから洗礼を受け、あなたの「愛する子」として公(おおやけ)に姿を現し、あなたの福音をわたしたちにもたらしてくださいました。感謝いたします。

御子イエス・キリストは、カナの婚礼で、水をぶどう酒に変え、あなたの栄光をあらわすと共に、人々に喜びと祝福を与えてくださいました。感謝いたします。

主なる神さま、御子がわたしたちに等しい人間となってくださったように、わたしたちも御子に倣(なら)う者としてください。隣人の喜びや悲しみ、苦しみや悩みを思いやる心を与えてください。この世界のさまざまな問題に目を向け、喜ぶ者と共に喜び、悲しむ者と共に悲しむ力を、わたしたちに与えてください。

まことの神にしてまことの人である御子イエス・キリストの御名によって祈ります。アーメン。

Ⅰ 開式の祈り

■ 降誕節第3主日

イエス・キリストの光を世に現された神さま、

この朝も、わたしたちはあなたにお会いするために礼拝に参りました。この一週間、あなたを思うよりも自分自身のことばかりを考えてきたわたしたちは、あなたの前に立つのにふさわしいものではないかもしれません。

それでもなお、わたしたちは「何か」を求めて、「何か」を聴くために、そしてあなたに従うために、この場所に参りました。どうか寛大な愛をもってわたしたちを受け入れ、あなたの声を聴かせてください。

罪なきイエス・キリストはヨルダン川においでになり、罪人の列に並び、洗礼者ヨハネの前に身をかがめられました。そのことによって、御子はわたしたちの罪の現実を自らお知りになり、友としてわたしたちと共に生きてくださいました。その計り知れない深い愛と憐れみを思い、心から感謝いたします。

愛する独り子をお与えくださった神さま、「これに従え」とのあなたの声を聴きとることができるように、天を開いてください。そしてわたしたちの心を開いてください。あなたがお送りになった聖霊を、わたしたちにも与えてください。そして、弟子として主なるイエスに従う者とならせてください。

人としてわたしたちと共におられるイエス・キリストの御名によって祈ります。アーメン。

■ 降誕節第4主日

わたしたちを弟子として招いてくださるイエス・キリストの父なる神さま、

主イエスが最初の弟子として選ばれた人々は、夜通し漁をしても魚一匹捕れずに落胆していた、ガリラヤ湖の漁師でした。その姿は、わたしたち自身の姿なのかもしれません。そのような人々が主イエスの招きに応(こた)えたからこそ、わたしたちもその招きに従うことができます。わたしたちの中の多くの者もまた、無力感と徒労感を抱え、疲れと重荷を負ってこの場所に集っています。

神さま、最初の弟子たちはすべてを捨てて従いました。しかし、わたしたちはなおも捨てられないものに縛られ、多くのものを抱えている中途半端な弟子です。それでも、わたしたちは従っていきたいと願い、ここに集っています。

どうかわたしたちを主イエスの弟子にしてください。どうかわたしたちを主イエスと共に、神の御国のために働く者としてください。そして主イエスと共に人生の旅路を歩む中で、わたしたちにあなたのなさる不思議な御業(みわざ)を見せてください。

わたしたちは今、岸辺を打つ波のさざめきの中で、小舟から語られる主イエスの声に耳を傾けます。主イエスを通してあなたが語る言葉をはっきりと聴きとることができるように、わたしたちの心の耳を開いてください。

わたしたちの主であり師であるイエス・キリストの御名によって祈ります。アーメン。

Ⅰ 開式の祈り

■ 降誕節第5主日

すべてのことを始められ、すべてのことを終わりへと導かれる神さま、

あなたは、最初から計画してこられた救いの御業(みわざ)を、主イエス・キリストによって始められました。「悔い改めよ、天の国は近づいた」というイエスの言葉は、今もこの世界に響いています。その宣教の御業にわたしたちを参与させてくださることを感謝いたします。

イエス・キリストの宣教は、辺境のガリラヤの人々の間で始まりました。わたしたちもまた、自分たちが置かれている場所で、主が始められた宣教の使命を果たす者としてください。とくに、宣教の困難な地域にある教会の働きを祝してください。

神さま、新しいことを始めるのは、わたしたちにとって大きなエネルギーと勇気を必要とします。そして新たに始めたことを継続するためには、忍耐と熱意が必要です。そのためにわたしたちの信仰を大きくしてください。そしてキリストが始められた宣教の御業をあなたが完成へと導いてください。

わたしたちがこの世界の中で光を必要としている場所にあなたの光をもたらすため、あなたの言葉を今、わたしたちに与えてください。

この世の光なる、主イエス・キリストの御名によって祈ります。アーメン。

■ 降誕節第6主日

高き聖所におられ、すべての場所にもおられ、わたしたちの祈りを聞いてくださる神さま、

あなたはこの世界に教会を建て、あなたを礼拝し、祈る場所としてくださいました。このすばらしい家を与えられていることを心から感謝いたします。

しかしわたしたちの教会は、本当に祈りの家となっているでしょうか？ わたしたちの主イエス・キリストは、商売の場所となっていた神殿のあり方に対して激しい憤りを示されました。わたしたちの教会もまた、この世の論理にからめとられてはいないでしょうか？ 教会は、あなたがお与えになった課題を本当に担うことができているのでしょうか？

イエス・キリストは神殿でささげられ、神殿で議論し、神殿で教えられました。そして弟子たちも神殿で癒しの業を行いました。わたしたちの教会が、わたしたちの置かれた場所にあって何を語り、何を為すべきなのかをわたしたちに教えてください。そして、わたしたちが為すべき礼拝と宣教のあり方をわたしたちに示し、聖書の御言葉を通して、あなたの御旨をあらわしてください。

わたしたちの教会が、すべての人々のための祈りの家となるように聖霊の力を与え、わたしたちが自分たちのあり方を変える勇気を与えてください。

教会の頭である、わたしたちの主イエス・キリストの御名によって祈ります。アーメン。

Ⅰ 開式の祈り

■ 降誕節第7主日

世の光なるイエス・キリストの父なる神さま、

わたしたちが生きるこの世界は謎に満ちています。そしてこの世界は時にとても複雑に見えます。時々、いろいろなことがからまり合って糸口を見つけられず、わたしたちは途方にくれます。そしてわたしたちの思考と感情はしばしば混乱してしまいます。そんなわたしたちは、あなたの言葉を求めてここに参りました。

時々、あなたの言葉はわたしたちの心に届きます。でも時々、どうしてもあなたの言葉が心に響かないのです。あなたの言葉はまた、しばしば謎めいているからです。

そんなわたしたちに、あなたは多くのたとえで、子どもにでもわかるように丁寧にお語りください。そのたとえは、聴いた時にはわからなくても、わたしたちの心の中にあって、折りに触れてわたしたちの人生に方向性を与え、人生を豊かにしてくれます。神さま、あなたのたとえをわたしたちの中に根づかせ、育ててください。

わたしたちが、主イエスが語られたあなたの言葉を難しく、複雑にしてしまうことがありませんように。わたしたちを、あなたのたとえを日々新しい言葉として聴く者としてください。

あなたの言葉は、闇を照らす光です。わたしたちがこの光をこの世界にもたらす務めを為すことができるように強めてください。

あなたの愛そのものである、わたしたちの主イエス・キリストの御名によって祈ります。アーメン。

■ 降誕節第8主日

創造主なる神よ、
あなたは天地創造の御業(みわざ)を完成させて、その御手の業を終えられました。あなたが「よし」とされたその世界の真ん中に、わたしたちを立たせてください。あなたと共に完成されたこの世界を眺(なが)め、喜びを分かち合う者としてください。

安息日の主なるキリストよ、
あなたは安息日に、苦しむ人々を癒(いや)し、安息日の意味を教えられました。わたしたちが律法主義に陥(おちい)りそうになる時、安息日に主が為(な)された救いの出来事を想い起こさせ、愛の業へと導いてください。

慰(なぐさ)め主なる聖霊よ、
わたしたちに休むべき時が与えられていることを感謝します。すべての人々が神の御恵みのもとで安心してからだを休め、心を休めることができますように。そして、新しい活力をわたしたちの中に注いでください。

三位一体なる神よ、
すべての人のために備えられている、永遠の安息への希望を与えてください。その時を夢見つつ、与えられた生涯をあなたに信頼しながら歩むことができるように、今、あなたの御言葉を与えてください。

あなたに世々(よよ)かぎりなく栄光がありますように。アーメン。

I 開式の祈り

■ 降誕節第9主日

わたしたちの教師である神さま、

わたしたちは教え導いてくれる存在を必要としています。わたしたちはあなたの御言葉を必要としています。わたしたちには、いろいろなことがわからないのです。

この世界で何を求めて生きるべきなのか。どのように生きるべきなのか。どこで、誰と生きて行くべきなのか。

（短い沈黙）

それゆえにわたしたちは、あなたの御言葉を求めてこの場所に参りました。

どうかわたしたちを、あなたの教えを謙虚に聴き、その言葉に誠実に従う、よき生徒にしてください。わたしたちから、尊大さと傲慢さを取り除いてください。

わたしたちの心をよく耕された畑として、あなたの御言葉の種を植えてください。

イエス・キリストの言葉は何十倍、何百倍にも成長する計り知れない大きな力と可能性を持っています。そのことに心から信頼する者としてください。わたしたちの地道な種まきの働きが、いつかはあなたの祝福のもとで実を結ぶことへの、確信と希望を与えてください。

生ける言葉として世に来られたイエス・キリストの御名によって祈ります。アーメン。

■ 降誕節第10主日

癒しの力をお持ちである神さま、
わたしたちは癒しを求めています。
わたしたちの中のある者は病に痛めつけられ、ある者は生活に疲れ、ある者は心に傷を負い、ある者は深い孤独にもだえ苦しみ、そして愛に飢えています。ある者は無気力になり、無感動になり、心がすさんでいます。
わたしたちは癒しを必要としています。
わたしたちには時々、あなたが何もしてくださらないように見えることがあります。わたしたちはしばしば、あなたは癒しを行わないのではないかと疑い、あなたに不信感を抱き、あなたに傷つき、あなたに絶望しかけます。

神さま、イエス・キリストは外国人である女性のために癒しの業をなさいました。その真剣で執拗な願いに「大きな信仰」をご覧になりました。
わたしたちも心から願います。そしてあなたに訴えます。
わたしたちを癒してください。どうか、このようなわたしたちの中にも、あなたへの信仰を見出してください。
そして、この世界で癒しを必要としている人々を探し求め、あなたの癒しの言葉を伝えるために、わたしたちを遣わしてください。
わたしたちのために執り成してくださる友なるイエス・キリストの御名によって祈ります。アーメン。

■ 降誕節第11主日

神さま、

イエス・キリストと出会った多くの人々は、その御業(みわざ)にあなたがなさる奇跡を見ました。しかし、わたしたちは今、この世界にあってあなたの奇跡を見ることができないと感じています。

キリストがなさった御業は、それを目撃した人々に何をもたらしたのでしょうか？　そしてあなたの奇跡は、今もわたしたちの間でなされているのでしょうか？　それはいつ、どのような形でなされるのでしょうか？

弟子たちがあなたに信頼して、網を置いて歩み出した時、わずかなパンを多くの人々と分け合おうとした時、あなたの力ある言葉が荒れくるう嵐を静めた時、弟子たちはあなたがなさる奇跡を見ました。

それは今もなお、わたしたちの中で今起こることであると信じます。

神さま、あなたがわたしたちの思いを超えたことをなさる方であることを知らしめてください。奇跡を見る目を、わたしたちに与えてください。そして、信仰を支えるための「しるし」を、わたしたちに与えてください。

神さま、この週から受難節を迎えようとしています。この期節(きせつ)、あなたがなさったもっとも大きな奇跡に、わたしたちの目を向けさせてください。

イエス・キリストの御名によって祈ります。アーメン。

■ 灰の水曜日

恵みと憐れみに富みたもう主なる神さま、

受難節の始まりである〈灰の水曜日〉に、わたしたちは御前に集い、祈りをささげます。

あなたはすべてをご存じであり、あなたの目に隠しおおせるものはありません。あなたはわたしたちの罪を知り、悪の力に抗(あらが)うことのできないわたしたちの弱さと愚かさを知っておられます。あなたの御前に、わたしたちの罪、わたしたちの弱さと愚かさを懺悔(ざんげ)します。

主なる神さま、あなたは計り知れない配慮と慈愛に満ち、悔い改める者を受け入れてくださる方です。あなたは裁きよりも赦(ゆる)しを望み、罪人が滅ぶことよりも、悔い改めて生きることを望んでおられます。あなたは、恵みと憐れみの神であり、忍耐深く、慈しみに富み、災いをくだそうとしても思い直される方です。

主なる神さま、あなたの民を憐れんでください。ここに集う、あなたを信じる者たちをかえりみてください。今日から始まる受難節の日々、常日頃の自分の生き方を見つめなおし、自らの言葉と思いと行動をかえりみながら過ごすことができますように。主イエス・キリストの受難を覚えながら、イースターまでの一日一日を送る者としてください。

罪人の友となられた主イエス・キリストの御名によって祈ります。アーメン。

Ⅰ 開式の祈り

■ 復活前第6主日・受難節（四旬節）第1主日

命の創(つく)り主なる神さま、

あなたは、わたしたち一人ひとりの名を呼んで、主の日の礼拝に招いてくださいました。感謝いたします。

わたしたちは、受難節を歩んでいます。我が事であれば、指先の小さなとげの痛みにも耐えかねる者でありながら、十字架へと向かわれる主イエスの御苦しみには思いをいたすことの少ないわたしたちです。

主イエスは神さまの御言葉を宣べ伝える業(わざ)を始められるに先立ち、悪魔の試みを受け、それを退けられました。しかしわたしたちは、ともすれば御言葉を聴こうとせず、主の掟(おきて)を守ろうとせず、おのれの思いに忠実であろうとします。どうかわたしたちを憐れみ、主イエスの十字架によって生かされている幸いを深く知り、感謝のうちに生きる者とならせてください。

神さま、心にあるいはからだに重荷を負い、疲れている者をかえりみてください。わたしたち主の教会に連なる者たちの交わりが、御心にかなう者でありますように。

これから御言葉に聴こうとしております。どうかわたしたちをくだき、主に立ちかえらせてください。礼拝を終えてここから出で行く時、主こそわが神と告白する者としてそれぞれの持ち場に遣(つか)わしてください。

わたしたちの世には多くの争いがあり、貧しさがあります。御心の天になるごとく、地にもなりますようにと祈ります。主にある平和をもたらしてください。

主イエス・キリストの御名によって祈ります。アーメン。

■ 復活前第5主日・受難節（四旬節）第2主日

愛と慈しみの神さま、

この主の日に、わたしたちを呼び集め、共に御言葉に聴き、賛美の声を合わせる幸いへと招いてくださいました御恵みを感謝いたします。

すぐる主日の礼拝で、わたしたちは御言葉の糧(かて)をいただき、新しい一週へと押し出されて参りました。しかし、与えられた恵みよりも、望んで得られなかったものを数え上げて不平をつぶやくことに忙しく過ごしました。御心にかなわない歩みを重ねて、今、御前に立っております。あなたの憐れみと赦(ゆる)しを乞(こ)い願います。

この新たな主の日の礼拝において、御言葉によってわたしたちの頑(かたく)なな心を砕き、悔い改めた心をもって、それぞれの生活の場に赴(おもむ)かせてください。

主イエスの受難を思う時を過ごしています。あなたはわたしたちを救うために、敵を打ち、悪に報いる神として主イエスをお遣(つか)わしくださいました。わたしたちは誘惑に弱く、主に依(よ)り頼むほかありません。あなたの力によってわたしたちを強め、悪に対抗して立つことができるようにしてください。

わたしたちの中には、心とからだに弱さや痛みを覚えている者がいます。あなたがさずけてくださった賜物(たまもの)を精いっぱい生かしたいと願いながら、その機会を見出せない者もいます。あなたはすべてをご存じです。一人ひとりを御心にかなうように用いてくださいますように。

主イエス・キリストの御名によって祈ります。アーメン。

I 開式の祈り

■ 復活前第4主日・受難節（四旬節）第3主日

主イエス・キリストの父なる神さま、

この主の日に、それぞれの生活の場から呼び集められ、共に御前に礼拝を守ることがゆるされております幸いを、感謝いたします。

受難節にあっても、イエスさまの御苦しみに思いをいたすよりも自分の弱さ苦しさにとらわれ、十字架を見上げるよりも自らの思いのうちに閉じこもるような歩みをして、礼拝の場へと戻って参りました。今わたしたちは、御言葉によって新たに養われることを願って、御前にぬかずいています。主イエスは痛みと苦しみの極みにあって、罪深いわたしたちのために祈ってくださいました。わたしたちも互いのため、隣人のため、世界のために祈る者とならせてください。

世界は、不安の中にあります。戦いや暴力、あるいは災害の傷に苦しむ人々、また貧困や飢えや環境汚染に苦しむ人々をお救いください。対立を克服して共に生きようとする志（こころざし）と、そのための知恵を、わたしたちにさずけてください。主の正義と恵みの業（わざ）が尽きることなく地を覆い、御心の天になるごとく、地にもなりますように。

わたしたちの群れには、病気や心身のおとろえ、仕事やそのほかの事情によって、主の日の礼拝を守ることができない者もいます。どうか、キリストが共にいまして、癒（いや）しと励ましを与えてくださいますように。

この祈りを、兄弟姉妹の祈りに合わせて、御名によって御前におささげします。アーメン。

■ 復活前第3主日・受難節(四旬節)第4主日

命の源である神さま、

御前に集い御言葉の説き明かしを受け、共に賛美をささげる幸いに恵まれていることを感謝いたします。二人でも三人でも主の名によって集まるところにはイエスさまがその中にいてくださるとのお約束を信じます。霊とまこととをもって、あなたに喜ばれる礼拝をささげさせてください。

礼拝においてわたしたちを悔い改めへと導き、聖霊をさずけてください。そして、礼拝が終わった時には、一人ひとりが、神さまの恵みに生きる喜びを伝える志と希望をもってそれぞれの場へと遣わしていただけますように祈ります。

世界の教会は、十字架へと向かわれる主イエスの御足のあとをたどる受難節を過ごしています。はげしい痛みと苦しみの中でなお、わたしたちを憐れみ、執り成しを祈り続けてくださった主イエスに倣い、わたしたちも祈りをささげる者とならせてください。

礼拝と教会のさまざまな営みを覚えながら、ここに共に集うことがかなわない兄弟姉妹をかえりみて、その祈りをお聞きあげください。世界には、多くの痛みや不安があり、苦しみの中にいる人が、たくさんいます。わたしたちの群れの中にも、弱さを覚えている人があります。どうぞ御心が天になるごとく、地にもなさせてください。主にある平和が来ますように。

主イエス・キリストの御名によって祈ります。アーメン。

■ 復活前第2主日・受難節（四旬節）第5主日

憐れみと赦(ゆる)しの主なる神さま、

あなたは一人ひとりをかえりみ、礼拝に呼び集めてくださいました。恵みを感謝いたします。

一週間の歩みを振り返りますと、「隣人に仕え、互いに愛し合いなさい」という主イエスの教えに背くような思いを抱いたり、行動をとったり、言葉を発したりしたことが、多くありました。人を傷つけ、それに気づかないこともあったに違いありません。

あなたの愛のうちに生かされてなお、主の道からはずれがちなわたしたちを、憐れんでください。わたしたちは、あなたの赦しのうちにしか生きられません。受難節にあって、十字架につけられた主イエスの御苦しみと赦しを想い起こさせ、主の道に立ちかえらせてください。

あなたは教会を祈りの家としてお立てになり、わたしたちをそこに連なる者とされました。おそれと疑いの雲に包まれて一人では祈れない時に、共に祈る兄弟姉妹を与え、どう祈ったらよいかわからない時も祈れるよう、「主の祈り」を与えてくださいました。この大きな恵みに感謝いたします。どうか恐れずに福音を語り続け、希望をもって祈り続ける者とならせてください。

主の日の礼拝から始まる一週間の歩みを主にお委(ゆだ)ねし、この祈りを、一人ひとりの祈りに合わせて、御名によって御前におささげいたします。アーメン。

■棕梠の主日・復活前第1主日・受難節(四旬節)第6主日

わたしたちと共に歩んでくださる神さま、

わたしたち一人ひとりを主の日の礼拝へと呼び集めてくださいました御恵みを感謝し、御名をほめたたえます。

棕梠(しゅろ)の葉をかかげ、歓呼の声でイエスをエルサレムに迎えた人々は、数日後にはイエスを十字架につけよと叫びました。ここにわたしたち自身の罪の姿があります。わたしたちの罪を贖(あがな)うため、あなたは独り子(ひとりご)イエス・キリストをこの世に与えてくださいました。

わたしたちは、あなたが決してわたしたちを見棄てられないことを知っています。それでありながら、あなたから離れ、自分の愉(たの)しみを追い求めようとするわたしたちです。どうか誘惑と闘い、打ち勝つ勇気と力を与えてください。いとも簡単に主に背くわたしたちを憐れみ、神さまへの確かな愛と信頼のうちに歩ませてください。

今週は洗足木曜日、さらには受難日を覚えて過ごします。罪のうちにあるわたしたちをキリストと共に十字架につけ、新たな命をお与えください。

病気や心身のおとろえ、仕事やそのほかの妨げによって、主の日の礼拝を守ることができない人々がおります。どうか、キリストが共にいまして、癒(いや)しと励ましと導きを与えてくださいますように。

御言葉に聴きつつ、すべてを御手に委(ゆだ)ねて歩む者として、新しい一週間を歩ませてください。

主イエス・キリストの御名によって祈ります。アーメン。

I 開式の祈り

I 開式の祈り

■ 洗足木曜日

主イエス・キリストの父なる神さま、

あなたの御子イエス・キリストの生涯の最後の日々、受難週の一日一日、とりわけ〈洗足木曜日〉の出来事を覚えて、祈りをささげます。

「平和の主」であるイエス・キリストは、ろばに乗ってエルサレムにおいでになりました。主は神殿で、さまざまな人々と出会い、その御業(みわざ)と御言葉によってあなたの栄光をあらわされました。

木曜日の晩、主は自らの手で弟子たちの足を洗い、模範を示されました。仕えられるよりも仕えることを、またお互いに仕え合う者となることを、教えてくださいました。主は最後の食事を弟子たちと共に囲み、パンと杯を手に取り、主を記念する感謝の聖餐(せいさん)を制定されました。食事の後、主はゲツセマネで祈りをささげ、おそれおののきながらも、父なる神の御心が成し遂げられるようにと祈られました。

主なる神さま、主の受難を覚えるこの日、主の御業と御言葉、その教えを、わたしたちにはっきりと想い起こさせてください。主に信頼して従うこと、互いに仕え合うことの大切さを想い起こさせてください。ことにわたしたちの信仰が揺らぐ時、わたしたちが弱い時、悩む時にこそ、主の御許(みもと)へと立ちかえることができますように。主よ、わたしたちと共にいてください。

あなたの御子イエス・キリストの御名によって祈ります。アーメン。

■ 受難日

十字架の主イエス・キリストの父なる神さま、

今日わたしたちは、主イエス・キリストの受難、十字架とその死を覚えるために、ここに集いました。

主は、闇の中に輝くまことの光、世を救うあなたの独り子(ひと)です。あなたはすべての者のために、ことに苦しむ者、悲しむ者のために、御子を送ってくださいました。御子は生涯を通してあなたの福音を宣(の)べ伝え、死に至るまで、しかも十字架の死に至るまで、あなたの独り子としての使命を果たされました。感謝いたします。

主なる神さま、わたしたちは今もなお、悪しきものが大きな力をふるう時代と社会に生きています。さまざまな暴力と敵意が世界中で破壊と混乱をもたらし、数知れぬ恐怖と不安が人々を脅(おびや)かしています。わたしたちを絶望や空(むな)しさに陥(おとしい)れる出来事は、絶えることがありません。

主なる神さま、この日、わたしたちは主イエス・キリストの十字架の下に再び身を寄せます。死の力、悪しき力を象徴するこの十字架は、主の受難と復活を通して新たな命と希望を指し示すシンボルとなりました。どうか、この十字架の先にある御国の栄光を、わたしたちにお見せください。そして十字架を仰ぐわたしたちに、今この世において、祈るべき祈り、抱くべき思い、そして果たすべき課題をお示しください。

来たる主日の朝、復活の夜明けを待ち望みつつ、十字架の主イエス・キリストの御名によって祈ります。アーメン。

■ 復活日・復活節第1主日

よみがえりの主イエス・キリストの父なる神さま、

新たな命が芽吹くこの季節に、主の復活を祝うイースター礼拝をささげる幸いを感謝いたします。御言葉を受けるのにふさわしく、わたしたちの心を整えてください。

十字架につけられた主イエスは、墓に葬られましたが、何者も主をそこにとどめ置くことはできませんでした。主イエスは悪魔を退け、死に打ち勝ち、復活されました。

主の十字架によってわたしたちを贖(あがな)い、主のご復活によって永遠の命に生きる希望を与えてくださる神さま、計り知れない大きな恵みに感謝いたします。

イースターの喜びのうちに、わたしたちは新たな歩みを始めようとしています。新たな命に生かされる者として、精いっぱい喜び、神さまを賛美して歌い、心を尽くして祈ることができるようにしてください。喜んで神と人とに仕え、喜びを家族や友人に伝える者にしてください。

世界の教会がイースターの礼拝をささげます。互いに顔を合わせて知り合うことはなくても、世界の教会は主の十字架によって一つに結ばれています。霊とまこととをもって礼拝をささげるすべての教会を祝福し、力強く福音を宣(の)べ伝えさせてください。この世界が、「天に栄光地に平和」をこぞって祈り求める一つの群れとなるように、導いてください。

教会とここに集うわたしたち一人ひとりが、新たな思いをもって十字架を仰ぎながら歩むことができますように。

主イエス・キリストの御名によって祈ります。アーメン。

■ 復活節第2主日

恵み深い主なる神さま、

主イエスの十字架とよみがえりを覚え、主の愛をたたえて心からほめ歌います。

7日の旅路を守られ、再び御前に召し集めていただいた幸いを感謝いたします。わたしたちは、喜びと感謝のうちに生きたいと願いながらも、悲しみ、落胆、不安、怒りなどを心に抱きながら御前に集っています。あなたは、わたしたちのすべてをご存じです。憐れんでください。

復活の主イエスは主を慕う者たちのもとに来てくださり、恐れることはない、と言ってくださいました。あなたがたに平和があるように、とも言ってくださいました。主イエスの励ましと祝福は、わたしたちの希望です。御言葉によってわたしたちを耕し、種をまき、成長させてください。

主イエスは、互いに愛し合いなさい、仕えられるより仕える者になりなさい、と教えてくださいました。その大切な掟(おきて)を守れない時にわたしたちをかえりみ、主の愛の御手にとらえていただいていることを想い起こさせてください。仲間のために祈り、御言葉を行う群れとして、教会を成長させてください。そして、御心にかなうようにわたしたちを用い、この地に福音を宣(の)べ伝えさせてください。

一人ひとりの心にある祈りと合わせて、主イエス・キリストの御名によって祈ります。アーメン。

I 開式の祈り

■ 復活節第3主日

まことの羊飼いである主なる神さま、

わたしたちに恵みと慈しみを惜しみなく注いでくださる主をほめたたえます。今わたしたちは、それぞれの生活の場からあなたに呼び集めていただき、主の日の礼拝をささげようとしています。この礼拝の中心に、主イエスをお迎えいたします。どうか、わたしたちの心を礼拝にふさわしくきよめ、御心にかなう賛美と感謝をささげさせてください。

あなたが良き羊飼いとしてお遣わし（つか）くださった主イエスは、わたしたちの罪を贖（あがな）うために十字架で死なれました。しかし、主は死の力を打ち破り、よみがえられた姿を弟子たちに示されました。この十字架と復活の出来事によって救われ、キリストに結ばれて歩むことをゆるされていることを感謝いたします。

しかしわたしたちは、神さまの御言葉に養われていながら、御心に背いてばかりであり、そのようなわたしたちのことを神さまはよくご存じです。あなたは負いきれない重荷を負わせる方ではなく、むしろ共に担ってくださる方です。生活の思い煩（わずら）いは数多くありますが、主が共にいてくださることを信じてすべてをお委（ゆだ）ねできるよう、この礼拝によって主に立ちかえらせてください。

どのような時も主を信頼し、絶えることなく主を賛美しながら新たな一週へと向かわせてください。

主イエス・キリストの御名によって祈ります。アーメン。

■ 復活節第4主日

光の源である神さま、

あなたは今日、わたしたちに生きよと命じ、新たな一日を備えてくださいました。あなたに与えていただいた命を喜び、感謝をささげます。

闇から光が輝き出よ、と命じられた神さま、どうかわたしたちの心のうちに輝いてください。この礼拝において御言葉をいただくわたしたちが、暗闇の中にとどまることのないよう、光の子として主イエスの十字架による救いのうちに歩ませてください。

平和の神さま、わたしたちの世はあらゆるところで争いが絶えず、今この時にも多くの命が脅(おびや)かされています。人間は、戦いを止める知恵を持ちません。どうかわたしたちに主を畏(おそ)れ敬(うやま)うことを教えてください。主イエスの愛の福音こそ、真の平和をもたらすことを悟らせ、御心ならば、平和をつくり出す者として用いてください。

わたしたちは、日々の生活のさまざまな場面で祈ることを忘れ、自分の思いと力だけに頼ろうとします。そのような的外れな生き方をただし、悔い改めへと導いてください。礼拝を通して、主の福音を慕い求める心を与えてくださいますように。

心を尽くして神さまと人とに仕える者として、希望と共に目覚め、感謝をささげて眠りにつく日々を歩ませてください。

主イエス・キリストの御名によって祈ります。アーメン。

Ⅰ 開式の祈り

■ 復活節第5主日

天におられる主なる神さま、

この主日もここに招かれ、復活の主を仰いで、共に礼拝を守れることを感謝いたします。

御子イエス・キリストを通して、あなたはわたしたちが御許(みもと)に近づく道を備えてくださいました。「わたしは道であり、真理であり、命である」と告げた御子を通して、わたしたちはあなたのもとに近づくことができます。主よ、感謝します。

自らの知恵や力に依(よ)り頼むことなく、主イエスのうちに真理と命の光を見出すことができますように。わたしたちの弱さをあなたが支え、わたしたちの愚かさをあなたが諭(さと)してください。ここに集うわたしたちが、共に手を取り、互いに励まし合いながら、主に従う道を最後まで歩み続けることができますように。

主イエスの弟子として、わたしたちが福音の喜びを証しする者となり、隣人をこの道へ招くことができるようにしてください。時が良くともまた悪くとも、主イエス・キリストを宣(の)べ伝える器として、わたしたちを用いてください。わたしたちの日々の言葉と業(わざ)、わたしたちのすべてを、導き、教え、支えてください。

主イエス・キリストの御名によって祈ります。アーメン。

■ 復活節第6主日

すべての力の源である神さま、

この主日も御前に集められ、御名を賛美できますことを感謝いたします。

御子イエスは救いの業(わざ)を成し遂げられる前夜、自分は去っていくが、また戻ってくると約束されました。また、主はわたしたちを孤独の中に置き去りにすることもないと約束されました。主よ、感謝します。

わたしたちが困難の中で行き悩む時も、不安の中で立ち尽くす時も、主が共にいますことを信じて、勇気を持つことができますように。

日々の生活の中で、わたしたちは数知れない問題に出会います。人間関係から生じる問題、心身の健康から生じる問題、与えられた仕事や課題から生じる問題。わたしたちを取り囲むこれらの問題に心が奪われ、くずおれそうになる時、主よ、あなたが共にこうした重荷を担ってくださることを想い起こさせてください。

御言葉を聴き、心を一つにし、信仰による歩みを続けることができますように。「わたしはあなたと共にいる」という約束の言葉を心に留め、「さあ、立て。ここから出かけよう」という力強い主の御言葉によって、どうぞわたしたちを立ち上がらせ、あなたと共に歩み出す者としてください。

主イエス・キリストの御名によって祈ります。アーメン。

Ⅰ 開式の祈り

■ 昇天日

御子イエス・キリストを御許(みもと)に迎えられた父なる神さま、主の〈昇天〉を覚えて祈ります。

あなたは独(ひと)り子をこの世に送り、福音を告げ知らせる使命を委(ゆだ)ねられました。主はこの世の働きを終え、受難と十字架の後、復活して再び弟子たちに現れました。主は弟子たちを教え、励まし、福音宣教の御業(みわざ)を委ねられました。そして40日目にあなたの御許へ昇られました。主はキリストの御名によって集う「教会」を残し、弟子たちに聖霊を送ることを約束されました。感謝いたします。

主なる神さま、今ここに集うわたしたちの上に、あなたの目を留めてください。わたしたちがあなたによって集められた「神の民」であり、あなたから宣教の業を委ねられた群れであることを、はっきりと自覚させてください。

主なる神さま、天におられる御子イエス・キリストを覚えながら、御子の愛されたこの地上の世界と人々をわたしたちも愛し、良き働きを為(な)すことができますように。わたしたちが互いに愛し合い、奉仕することを通して、主イエス・キリストを証しすることができますように。「キリストの体」である教会を支え、その枝である一人ひとりを導いてください。そして御子が約束された聖霊を、豊かに注いでください。

天にあっても地にあっても、わたしたちの主であるイエス・キリストの御名によって祈ります。アーメン。

■ 復活節第7主日（昇天後主日）

天にあり、またいつもわたしたちと共にいてくださる神さま、

復活節最後の主日、あなたの招きにあずかり、礼拝の場に集うことができたことを感謝します。

御子イエス・キリストは、あなたのもとからこの世においでになり、まことの人間として日々の生活を過ごされました。そして救いの御業(みわざ)を成し遂げられた後、天におられる父なる神さまのもとに昇られました。このような主イエス・キリストの生涯、十字架の受難、復活の栄光、そして昇天を覚えて、感謝します。

どうか、今もなお地上にあって戦う教会に、あなたの目を留め、祝福してください。教会が主イエス・キリストをいしずえとして堅く立ち、この時代と世界にあなたの豊かな恵みと憐れみを証しすることができますように。わたしたちの果たすべき務めを示し、わたしたちが必要とする知恵と力をお与えください。

あなたの御心が天において実現しているように、この地上でも現実のものとなりますように。主よ、聖霊をわたしたちのもとに送ってください。わたしたちはあなたの御国を待ち望みます。

天上にあってあなたの右に座しておられる、復活の主イエス・キリストの御名によって祈ります。アーメン。

■ 聖霊降臨日・聖霊降臨節第1主日

御子イエス・キリストの父、そして聖霊の送り手である、天の神さま、

聖霊降臨日を迎えたこの日、御前に集まることができたことを感謝いたします。十字架に架かって死なれた御子イエス・キリストは、3日目に復活し、ご自分が生きておられることを示されました。そして復活から50日の後、約束された聖霊を送ってくださいました。

聖霊はあなたの真理を教え、さまざまな賜物(たまもの)を与えてくださいます。弟子たちは聖霊によって力を受け、大胆に宣教する者となりました。使徒たちは聖霊によってさまざまな言葉で福音を語り、力ある業(わざ)を成し遂げました。そしてこの時代に至るまで、数知れぬ多くの神の民が、聖霊の慰(なぐさ)めと励ましを受けて、主イエス・キリストの福音を証ししてきました。聖霊は教会を成長させ、わたしたちすべてのキリスト者を結び合わせる主の絆(きずな)です。

神さま、混迷するこの時代と世界に、あなたの聖霊を豊かに注いでください。聖霊によってわたしたちの心を照らし、確信をもってこの信仰の道を歩む者としてください。聖霊に満たされて、わたしたちが語るべき言葉を語り、為(な)すべき業をはたし、祈るべき祈りをささげることができますように。

主イエス・キリストの御名によって祈ります。アーメン。

■ 聖霊降臨節第2主日（三位一体主日）

父・御子・聖霊なる神さま、

聖霊降臨節の第2の主日であるこの日、共に祈りの場に集められたことを感謝いたします。わたしたちは今日、「三位一体主日」の礼拝を守っています。

父なる神、御子なる神、そして聖霊なる神として、あなたはこの世界と歴史、すべてのものに臨んでくださいます。創造から終末に至るまで、あなたはわたしたちを見守り、わたしたちと共に歩み、わたしたちにあなたの御国を指し示してくださいます。主よ、感謝します。

あなたは天地を創造し、わたしたちに命を与えてくださいました。あなたはイエス・キリストの十字架と復活によって、救いの道を開いてくださいました。そしてあなたは、聖霊の御力によってわたしたちを新たに生まれ変わらせ、わたしたちを導いてくださいます。主よ、感謝します。

人間の知恵ではなく、聖霊によって、あなたの知恵をわたしたちにお示しください。人間の業ではなく、主イエスの模範に倣って、あなたの業を成し遂げる者としてください。そして、人間的な喜びではなく、あなたの喜びにあずかって生きる者としてください。

聖霊の息吹が、この世界の隅々にまで吹き渡り、すべてが新たにされ、あなたの御心にかなう者となりますように。
主イエス・キリストの御名によって祈ります。アーメン。

■ 聖霊降臨節第3主日

天地の造り主なる神さま、

この主日も聖霊の導きによって、この場に集えましたことを感謝いたします。今日あなたがわたしたちに語りかけてくださる御言葉に耳を傾け、そこにあなたの御心が示されていることを、信仰をもってしっかりと聴きとれますように。

あなたに逆らい立つ者たちは、御心が成就することを妨げようとし、あらゆる手段を尽くしてわたしたちの前に立ちはだかります。わたしたちはどれだけ抵抗しようと望んでも、結局は押し流されてしまいます。わたしたちは、あなたに逆らい立つ力の前には無力なのです。

しかし、あなたはそうではありません。逆らう者の試みを空(むな)しくして、必ずご自分の計画を成就されます。あなたの前には、どんな悪の力も、風に吹き飛ばされるもみ殻(がら)でしかありません。

教会が困難の中にある時も、あなたは教会を支え、守ってくださいます。どうか教会の切なる祈りを聞いてください。そして、信じる者一人ひとりに聖霊を豊かに注いでください。

どうかわたしたちが皆、聖霊に満たされ、あなたからいただく力によって、大胆に神の言葉を語り、すべての人々を救いの道に招くことができますように。

主イエス・キリストの御名によって祈ります。アーメン。

■ 聖霊降臨節第4主日

救いの源である神さま、

この主日も御前に集まって、共に礼拝をささげられますことを感謝いたします。

あなたは御子を人の姿でお遣わしになり、救いの業を成し遂げてくださいました。あなたの救いの御計画は、人間の想像力を超えていて、わたしたちの知恵や知識では到底理解できません。

あなたは、罪の力に支配されているわたしたちを、その縄目から解き放ち、永遠の命を与えてくださるために、愛する御子をこの世に送られました。聖書はこのことをはっきりと証しし、それを信じた人々が日々救われていったこともはっきりと証言しています。教会はこのことを信じ、時代を超えて救いを語り継いできました。わたしたちも救い主イエス・キリストをまことの神、まことの人と告白できるように、聖霊の助けをお与えください。

信仰によってキリストに固く結ばれ、永遠の命の希望に生かされて日々を歩むことができますように。そしてその歩みの中で、いつもあなたに感謝し、あなたの栄光と御名を賛美することができますように。苦難の中にある時も、悲しみの中にある時も、疲れた時も、イエス・キリストに結ばれている恵みを思い出し、すべてを委ねて生きて行くことができますように。

主イエス・キリストの御名によって祈ります。アーメン。

■ 聖霊降臨節第5主日

全能の神さま、

今日も心を新たにして、あなたの御名をあがめることができる幸せを感謝いたします。

いつの時代にも、あなたの救いのご計画を妨げようとする力が存在します。その力に取り込まれて福音を見失ってしまい、救いを偶像に見出そうとする過ちを犯してしまうことがあります。

しかし、福音を妨げようとする力がどれだけ働こうとも、あなたはそれを遥かに超える聖霊の力によって、救いのご計画を推し進めてください。あなたの救いのご計画の確かさのゆえに、あなたに立ちかえれますことを感謝いたします。今ここに、あなたの聖霊を豊かに送ってください。

福音を伝える者たちを力づけ、忠実に御言葉を語らせてください。たとえその言葉が拒絶されても、諦めることなく、大胆に福音を語り続けることができますように。

福音宣教の働きを通して、あなたに立ちかえる人々が起こされ、教会の枝となって生きることに喜びと感謝を見出すことができますように。その感謝の歩みを通して、御名の栄光と誉れがあらわされますように。

主イエス・キリストの御名によって祈ります。アーメン。

■ 聖霊降臨節第6主日

慈しみに富む天の父、

あなたはキリストによってわたしたちを集め、ご自分の民として養い育ててくださいます。

今日もこの礼拝の場に招いてくださったことを心より感謝いたします。わたしたちの心とからだを養い、神の民として育ててくださっていることも、あわせて感謝いたします。

どうか、わたしたちの心と思いを一つにしてください。神の民として、イエス・キリストの御心を第一とすることができますように。そして、キリストにおける信仰の一致の中で、あなたからいただいたすべての賜物(たまもの)を分かち合い、ますます交わりを深めることができますように。

あなたからいただいた賜物をみんなで分かち合う時、そこにはほかの何ものにも代えられない、神の民としての喜びがあります。その喜びの交わりを通して、最初の教会がそうであったように、多くの人々に対してあなたの愛と慈しみが伝えられますように。

わたしたち自身の喜びが、この時代にあって、人々に向かってあなたを証しするものとなりますように。そして、一人でも多くの人がこの交わりに加わり、神の民として生きる喜びを抱けますように。

主イエス・キリストの御名によって祈ります。アーメン。

■ 聖霊降臨節第7主日

全能の父なる神さま、

今日も、わたしたちを御前に集めてくださいました。心より感謝いたします。

わたしたちは、十字架と復活そして昇天の出来事が、罪と死に打ち勝たれたキリストの凱旋(がいせん)の歩みであったことを信じます。その勝利の凱旋行進に連なる者として、永遠の神の御国を思いつつ、与えられた人生の道のりを歩むことができますように。

あなたはご自分の僕(しもべ)らをすべての危険から守り、御名の栄光のために用いてくださいます。どうか、人間の目には困難と見える時も、キリストの復活の力に満たされて困難に立ち向かう勇気を持たせてください。

そして、あなたの御国が完成した時には、すべての聖徒たちと共に、あなたの御前に立ち、あなたの食卓につき、永遠の命をいただくことを望ませてください。死も悲しみも、嘆きも労苦もないあなたの御国で、皆、共にあなたを賛美することのできる日を待ち望ませてください。

主イエス・キリストの御名によって祈ります。アーメン。

■ 聖霊降臨節第8主日

主なる神さま、

あなたの栄光が限りなくたたえられますように。

今日も御言葉をもって語りかけ、わたしたちを赦(ゆる)しの恵みへと招いてくださいますことを感謝いたします。

あなたは、一人ひとりを聖霊の宮として用いてくださいます。聖霊がわたしたちに宿ってくださることを、心より喜びます。どうぞ、わたしたちをなおいっそう聖霊で満たしてください。そして、福音の使者としてこの世に遣(つか)わされることに、生きる意味を見出させてください。

わたしたちの生きているこの地上の世界では、悪霊もわたしたちの心の中に入り込もうと企(くわだ)てています。わたしたちを神から引き離し、自分の支配下に置こうとしています。わたしたちはそうと知りながら、しばしば悪霊の力に屈し、誘惑に負けてしまいます。そうした事実にすら気づかずに、あなたから離れてしまう愚かさに陥(おちい)ってしまいます。

主よ、わたしたちを憐れんでください。そしてわたしたちを悪霊の支配から解き放ち、聖霊で満たしてください。聖霊に支えられて、あなたの栄光をあらわす歩みを進めることができますように。

主イエス・キリストの御名によって祈ります。アーメン。

I 開式の祈り

■ 聖霊降臨節第9主日

全地を御手の中に総(す)べ治められる主なる神さま、

あなたの聖(きよ)き御名がたたえられますように。あなたは御手をもって世界を無から造られました。わたしたち一人ひとりも、御手の働きによって造られました。あなたは、造られたもの一つひとつに命の息吹を吹き込まれます。今日もあなたがわたしたちに息を吹き込み、この地上の世界に生きる者としてくださることを、心より感謝いたします。

あなたの創造の御業(みわざ)は、わたしたちの思いを遥かに超えています。わたしたちは到底あなたの御業を見極めることはできません。アブラハムとサラの間にイサクが与えられたように、あなたの祝福の御業は誰の心にも浮かぶことのないものです。どうぞその偉大な御手の祝福を、今日わたしたちに与えてくださいますように。

あなたの救いの御業もまた、わたしたちの考えが及ぶところを遥かに超えていて、わたしたちはそのほんのわずかしか知ることができません。あなたはイスラエルの民に誓い、彼らに語り継がせた救いを、愛する独(ひと)り子イエス・キリストによって実現され、その約束を果たしてくださいました。異邦人にもこの良き知らせが伝えられ、信じる者は誰でも救われると宣言してくださいます。わたしたちもまた、そのあなたの救いの約束にあずかることのできる幸いを、心より感謝いたします。

ただ一人の救い主イエス・キリストの御名によって祈ります。アーメン。

■ 聖霊降臨節第10主日

主なる神さま、

あなたは真実な方であり、すべての偽(いつわ)りを退けられる方です。今日もあなたの真実なる御言葉をもってわたしたちに語りかけてくださることを、心より感謝いたします。

あなたの真実さの前に立ち続けることのできる者は、誰一人いません。あなたを侮(あなど)り、あなたの赦しをあまりにも安易に求めてしまう、愚かで罪深いわたしたちです。形ばかりの悔い改めを繰り返し、口先ばかりであなたの名をたたえて満足してしまう愚かさから、抜け出せずにいます。わたしたちは義なるあなたの裁きを恐れます。

しかし、あなたのもとには赦しの恵みがあふれていることも、わたしたちは知らされています。あなたはご自分から和解の手を差し伸べてくださり、救いのためのすべてを整えてくださいます。あなたの確かな赦しの恵みの御手を、わたしたちは恐れと共に大きな感謝をもって握ります。そして暗黒の世界から光り輝く世界へと引き上げてくださることを信じて、すべてをあなたに委(ゆだ)ねます。

今日、あなたが語られる命の御言葉を、信仰をもって聴き、信頼して受けとめることができますよう、固く閉ざされたわたしたちの心の扉を、聖霊の力で開いてください。そして、キリストに結ばれた者として、わたしたちが今日からあなたの戒(いまし)めに従う歩みを始め、あなたと隣人を愛することができますように。

和解の主、イエス・キリストの尊(とうと)い御名によって祈ります。アーメン。

■ 聖霊降臨節第11主日

命の源である主なる神さま、

あなたのもとには光があり、あなたのもとには義(ただ)しさがあります。あなたは今日もわたしたちを闇の支配から解き放ち、悪しきものから守ってくださいます。

あなたの御計画はまことに不思議なものです。あなたの救いの物語はあまりにもスケールが大きく、わたしたちがどれほど想像力をたくましくしても、すべてを知ることはできません。あなたの呼びかけを拒んだヨナを不思議な方法で引き戻され、罪深い町ニネベを救うべく彼を用いられました。サウロもまた、あなたによって迫害する者から福音を宣教する者に変えられました。こうした出来事は、わたしたち人間の想いを遥かに超えています。

あなたは今日も、ご自分の救いの物語の中に生きるようにとわたしたちを招いてくださいます。

ヨナやサウロのように自分勝手なわたしたちが、彼らのように愛され、罪を赦(ゆる)され、憐れみを受けて、福音宣教のために用いていただけることも、驚くべき恵みです。あなたが一人ひとりを、そして教会全体を聖霊で満たしてくださっているからこそ、わたしたちは福音を伝えることができます。どうかわたしたちを、聖霊の導きに従い、喜びをもって福音を伝える僕(しもべ)としてください。

主イエス・キリストの御名によって祈ります。アーメン。

■ 聖霊降臨節第12主日

闇に向かって、「光あれ」と命じられる神さま、
今日も、恵みの光の中にわたしたちを目覚めさせ、招いてくださることを感謝いたします。

あなたは暗闇を行く時のような恐れを覚える者も、夕暮れの中をうなだれて歩くような疲れを感じる者も、日陰の中を生きているような失望感を抱く者も、「わたしのもとに来なさい」と招いてくださいます。あなたの招きに応(こた)えて、こうしてそれぞれの生きる場から集まって参りました。どうぞ一人ひとりを、あなたの恵みの光のもとにおいてください。

あなたを真実とし、福音を携えて生きることが何よりも大切であることを、わたしたちは十分に心得ているつもりです。けれどもわたしたちは、福音が世の価値観と相容れないことをしばしば思い知らされ、時には生き苦しさを感じさせられます。世の流れに合わせた方が楽に生きられるように思えてしまうこともあります。そのような自分を発見し、恥ずかしい思いにとらわれます。

あなたはそのようなわたしたちの足元を、まことの光で照らしてくださいます。あなたの光に照らされて一歩を踏み出すこと、それはキリスト者としての確かな歩みであり、何にも代えられない喜びです。あなたの光に照らされていることを信じ、あなたが見せてくださる確かな未来に向かって歩めますように。

真実の光である主イエス・キリストの御名によって祈ります。アーメン。

■ 聖霊降臨節第13主日

天地の造り主、わたしたちの命の源である主なる神さま、今日もわたしたちに命の賜物(たまもの)を備え、それぞれの命を祝福し、人と人との絆(きずな)を祝福してくださることを感謝します。

あなたは「人が独(ひと)りでいるのは良くない」とお考えになり、他者と共に生きることを「良し」としてくださいます。わたしたちがこうして共に礼拝をささげることができるのも、あなたが一人ひとりを呼び集めてくださったからです。

他人であったわたしたちが、兄弟として、姉妹として、共に座り、共に御言葉を聴き、共に主の食卓に集い、共に祈りをささげ、共に賛美できるのは、ただあなたの祝福があってのことです。

しかしわたしたちは、その祝福を恵みととらえず、神の家族として集められていることを忘れてしまいます。共に仕え合うことをせず、自分勝手に振る舞い、自己満足を求めることばかりに心を奪われてしまいます。うわべだけで「兄弟、姉妹」と呼ぶ偽善にすら気づかないことがいくらでもあります。

あなたが望むのは、兄弟姉妹が共に座り、恵みを分かち合い、心を合わせて賛美の歌を歌うことです。幼子から長い人生を生きてきた者まで、キリストという名の絆で結ばれた神の家族となることができますように。

主イエス・キリストの御名によって祈ります。アーメン。

■ 聖霊降臨節第 14 主日

天と地とそこに住むすべてのものに命の息吹を吹き込まれる主なる神さま、

あなたの栄光を心からたたえます。

わたしたちに安息の日を備え、それぞれの生活の場から呼び集めてくださいましたことを感謝いたします。

一週間の歩みは軽いものではありませんでした。心もからだも疲れを覚えることがありました。超えることができないと感じるほどの高い壁がありました。あなたの愛を疑いたくなるような時もありました。

しかし、絶望的な思いになった時にも、あなたはしっかりとわたしたちに寄り添ってくださいました。そのことを今、思い出します。あなたの愛を疑い、あなたが傍にいてくださったことをわずかでも疑った自分に、恥ずかしさを感じます。不信仰なわたしたちを赦してください。

人間の編み出した思想や自分の感性に頼るのではなく、十字架上のイエス・キリストの受けた辱めと痛み、3 日目によみがえられた主の復活の力にあずかった、ゆるぎない忍耐を学ぶことができますように。

復活の主イエス・キリストの御名によって祈ります。アーメン。

■ 聖霊降臨節第15主日

主なる神さま、

あなたの栄光が限りなくたたえられますように。

あなたに並び立つものは何もありません。悪の力もあなたの前にはどれほどのものでしょう。死の力さえあなたの前には無に等しいものです。あなたの御手の働きを妨げるものはありません。わたしたちは、この地上にあってはあなたの御手の中で命を守られ、やがてはあなたの懐(ふところ)に抱かれて眠りにつきます。生きる時も死ぬ時もあなたの御手の中にいます。

わたしたちの存在を脅(おびや)かす力は、常に攻撃をしかけてきます。わたしたちは絶えず戦い続けなければなりません。その最も恐ろしい敵は「死」です。わたしたちは常に死の力の脅威にさらされ、自分自身が死の力の前には歯が立たないことを感じています。次第に生きることに疲れを覚えます。

しかしながらわたしたちは、わたしたちの贖(あがな)いのために十字架にかかり、死んで葬られた方が、3日目に墓よりよみがえられたことを福音によって知らされています。主の復活を信じることによって、その勝利の凱旋(がいせん)行進に連なることができると知らされています。どうか、福音の力によって、それぞれの生における戦いを続け、恐れることなく、希望をもって生きて行くことができますように。

勝利の主イエス・キリストの御名によって祈ります。アーメン。

■ 聖霊降臨節第16主日

教会の頭(かしら)なるイエス・キリストの父なる神さま、

あなたの建てられた、ただ一つの教会に連なることのできます幸いを、心より感謝します。今日も全国の教会、全世界の教会と共に礼拝をささげることのできます幸いを感謝いたします。

「教会は一つ」、今わたしたちはそう祈りました。そこには何の疑いもありません。しかしながら、現実には教会はいくつにも分かれてしまっています。時に争い、時に傷つけ合い、時に憎しみ合ってきた歴史があることもまた、否定できない事実です。それがあなたの御心ではないと、わたしたちは心得ているつもりです。しかしそれでもなお、教会が一つになることは、とても難しいのです。

どうか諸教会がこの現実を認めつつも、目に見える一致を目指して真剣に祈り、対話を重ねることを厭(いと)わないで、互いを受け入れ合うことができますように。イエス・キリストの体に連なる枝の一つひとつが、互いの存在と働きを認め合いつつ、一つとされている喜びを分かち合うことができますように。

一人の主イエス・キリストの御名によって祈ります。アーメン。

■ 聖霊降臨節第 17 主日

天地を創造され、その中に生きるものに存在する意味を与えてくださる主なる神さま、

あなたは、ご自分の創造と救済の歴史に新しい一ページを書き加え、わたしたちがその歴史の中に生きることをお許しになります。

あなたの造られたものはすべて、そのままで存在する価値があります。しかしわたしたち人間は、人と人とを比べることばかりに熱心になり、他者を勝手に評価して、共に生きることができなくなっています。

あなたが和解の福音をキリストによって示してくださったので、わたしたちはキリストのゆえにあなたと和解することができ、人とも和解することができます。キリストを通して、はじめて本当の意味で互いに愛し合い、赦し合うことができます。

キリストによって一つとされている恵みを知り、祈りを合わせ、賛美の声を合わせ、隣人と共に生きることを喜びとできますように。

わたしたちを友と呼んでくださる主イエス・キリストの御名を通して祈ります。アーメン。

■ 聖霊降臨節第18主日

恵みと憐れみに富みたもう主なる神さま、

今日、あなたがわたしたちをこの場に招き、共に礼拝する時を与えてくださったことを感謝します。わたしたちが御子イエス・キリストによって結ばれた者として、心を合わせ、声を合わせて、あなたを賛美し、あなたの栄光をあらわすことができますように。

主なる神さま、あなたはわたしたちの弱さや愚かさをよくご存じです。時としてわたしたちは、この世の力、この世の富、この世の誘惑にひかれ、あなたを忘れ、あなたから遠ざかることがあります。けれども、あなたはそのようなわたしたちのために、御子イエス・キリストを通して、繰り返しわたしたちを呼び集め、教え、導いてくださいます。

主なる神さま、聖霊の力によって、この世の力や富、誘惑に打ち勝つ力をお与えください。わたしたちがすでに御子イエス・キリストによって贖われた者であることを、想い起こさせてください。

キリストをわたしたちのうちに宿し、言葉と思いと行動においてキリストに倣って生きる者としてください。神を愛し、隣人を愛せよというキリストの教えを、日々、新たな戒めとして受けとめ、謙虚な思いと寛容な心をもって歩むことができますように。

わたしたちの主イエス・キリストの御名によって祈ります。アーメン。

■ 聖霊降臨節第 19 主日

この世界と教会の主なる神さま、

一週間の歩みを守り導いてくださったことを感謝します。日々の暮らしの中で、わたしたちはさまざまな問題に出会います。不安や悩み、苦しみや悲しみの時に、あなたがいつもわたしたちと共にいて、支え、励まし、慰(なぐさ)めてくださることを心から感謝します。

主イエスは、この世にあっては「あなた方には苦難がある」とおっしゃいました。まことの信仰のゆえに、そしてまことの愛のために、担わなければならない苦難があるならば、どうか勇気をもってそれを引き受けることができますように。主イエス・キリストと共に、そしてここに集う「神の家族」と共に、苦難を耐え忍びつつ、この世の旅路を最後まで歩み通すことができるようにしてください。

主なる神さま、わたしたちの日々の生活を通して、あなたの栄光をあらわすことができますように。わたしたちの働きが、あなたの御心にかなうものとなり、あなたが創造されたこの世界と人々に奉仕する業(わざ)となりますように。人間の富や知恵に頼るのではなく、あなたの富と知恵によって生きる者へ、わたしたちを変えてください。愛し合い分かち合うことから、真の平和と豊かさが生まれることを、わたしたちに教えてください。

つねにわたしたちと共にいてくださる主イエス・キリストの御名によって祈ります。アーメン。

■ 聖霊降臨節第 20 主日

計り知れない慈愛に満ちたもう主なる神さま、

わたしたちをいつも見守り、深い配慮によってすべてを導いてくださる、あなたの恵みに感謝します。

あなたは、主イエス・キリストの福音の御言葉を通してわたしたちを御許(みもと)へ招き、わたしたちを養い育ててくださいます。またイエス・キリストを通してわたしたちのために「永遠のすみか」を用意してくださいます。

主なる神さま、あなたはわたしたちが生まれる前からわたしたちを知り、死の後もお忘れになることはありません。どうかあなたによって備えられた信仰の生涯を、わたしたちが互いに支え合いながら、心豊かに歩み続けていくことができるようにしてください。

主なる神さま、わたしたちの知るところ知らないところで、苦しみや悲しみ、不安や恐れの中に置かれている人々をかえりみてください。日々の暮らし、人間関係、政治、経済、さまざまな出来事の中で問題に直面している人々に、あなたの御手を差し伸べてください。わたしたちもまた、助けを必要とする人々に手を差し伸べることができますように。

わたしたち一人ひとりは小さな者ですが、そのような器を用いて、あなたは救いの業(わざ)を成し遂げてくださいます。隣人への執(と)り成(な)しがわたしたちの信仰生活における大切な働きの一つであることを、いつも覚えていることができますように。

主イエス・キリストの御名によって祈ります。アーメン。

I 開式の祈り

■ 聖霊降臨節第21主日

この世界と歴史を守り導かれる神さま、

あなたの限りない愛と恵み、そして忍耐と赦(ゆる)しのもとで、すべてのものが生かされていることを覚え、深く感謝します。

主なる神さま、あなたは天上の主であると同時に、この地上の主でもあります。すべての地域と国家、さまざまな民族と社会、そして政治、経済、文化など、この世のすべてはあなたのまなざしのもとに置かれています。

けれどもまた、この世界が今なお数え切れないほど多くの問題を抱え、たくさんの人々が苦しみの中に置かれていることも事実です。自分だけの利益を優先する思いや弱肉強食の論理によって、世界と人々は分断され、貧困や不正、残酷で非人間的な現実が、世界のここかしこに生じています。

主なる神さま、わたしたちに新しい生き方を教えてください。利己主義や争いではなく、分かち合いと支え合いによって共に生きる世界を願い求めます。政治や経済においてこの世の指導的な立場にある人々にあなたの知恵を与え、善き判断と正しい働きにお導きください。

わたしたちが、あなたの愛と真理に従ってこの世に目を向け、あなたの平和と正義を実現するために祈り、働くことができますように。天上と同じように、この地上にもあなたの恵みと慈しみを満ちあふれさせてください。

主イエス・キリストの御名によって祈ります。アーメン。

■ 聖霊降臨節第22主日

わたしたちの造り主である神さま、

あなたの慈しみのもとで、一週間を過ごしてこられたことを感謝します。この7日の間にあなたから与えられた恵みを一つひとつ数えながら、あなたに賛美をささげます。あらゆる時、あらゆる場所で、あなたはわたしたちを見守り、導いてくださいました。

主なる神さま、「信仰の父」と呼ばれたアブラハムとその妻サラが、あなたに信頼して生きたように、わたしたちもまた信仰の生涯を最後まで歩むことができますように。時にはぐらついたり、思い煩(わずら)うことのあるわたしたちを、あなたの御腕で抱きとめ、慰(なぐさ)めと励ましの言葉を与えてください。

主なる神さま、あなたが備えてくださる数々の恵みを、日々新たに発見しながら、心から感謝することのできる素直な心を与えてください。また与えられた恵みを独(ひと)り占めすることなく、この世にあって賢く用いるために、知恵を与えてください。そして御子イエス・キリストによって、奉仕と献身の働きにあずかるための勇気と意志を与えてください。わたしたちがキリストの弟子であることを絶えず想い起こし、あなたに示された信仰の道行きを見つめ、聖霊のもたらす喜びに包まれて進み行くことができますように。

主イエス・キリストの御名によって祈ります。アーメン。

Ⅰ 開式の祈り

I 開式の祈り

■ 聖霊降臨節第23主日

主イエス・キリストの父なる神さま、

御子イエス・キリストの御名によって、わたしたちをこの場に集めてくださったことを感謝します。あなたはわたしたちを御許(みもと)に招き、「キリストの体」なる教会の一員としてくださいました。

主なる神さま、すでに御許に召された天にある聖徒たちと共に、今、地上にあるわたしたちも心からあなたを賛美し感謝します。聖書に記された弟子たちに倣(なら)い、キリスト教会の歴史を歩んだ数知れぬ聖徒たちに倣って、わたしたちもまた宣教の業(わざ)につとめ、奉仕の業を担うことができるようにお導きください。

主なる神さま、わたしたちがあなたからすでに多くのものを与えられていることに気づかせてください。感謝する心と賛美する思いを、つねに豊かに持つことができますように。そして隣人との交わり、この世への奉仕を通して、与えられたものを分かち合うことができますように。わたしたちのささげるわずかな時間、わずかな持ちもの、わずかな働きをも、あなたが豊かに用いてくださることを信じます。こうした交わりを通して、あなたの恵みと祝福を共に発見する喜びを、わたしたちに与えてください。

すべてのものの救い主、主イエス・キリストの御名によって祈ります。アーメン。

■ 聖霊降臨節第24主日・(聖霊降臨節最終主日)

天地の造り主、イエス・キリストの父、聖霊の送り手である神さま、

教会暦の最後にあたるこの日、あなたの御前に集い、共に賛美と祈りをささげます。

主なる神さま、あなたは天地を創造し、すべての命をお造りになりました。あなたは歴史の始まりから終わりに至るまでわたしたちと共におられ、この世界を導いてくださいます。

主なる神さま、あなたは御子イエス・キリストを地上に送り、計り知れない愛の心をあらわしてくださいました。御子は人間として生まれ、苦しむ人、悲しむ人の友となり、御言葉と御業(みわざ)によって神の国の福音を告げ知らせてくださいました。御子は苦しみを受け、十字架につけられ、死んでよみがえり、天に昇り、あなたの御許(みもと)におられます。

主なる神さま、主イエス・キリストが再びこの世に来られる時を待ち望みます。あなたの御心が、天と同じく地上でも完全なかたちで実現しますように。すべての人の涙を、あなたがぬぐい取ってくださる日が来ますように。すべての人が天の国の祝宴に集い、あなたの平和を喜び祝うことができますように。そしてすべての人があなたを賛美し、あなたに感謝をささげますように。

昔も、今も、永遠におられるわたしたちの主イエス・キリストの御名によって祈ります。アーメン。

I 開式の祈り

行事の祈り

■ 元旦礼拝

神さま、新年を迎えました。あなたが与えてくださる新しい一年の始まりに感謝します。あなたがこれまでの歳月を恵みのもとで導いてくださったように、どうかこの年もまたあなたに信頼し、主にある喜びと希望をもって歩み続ける者としてください。

主イエス・キリストの御名によって祈ります。

■ 信教の自由を守る日

神さま、今日は「信教の自由を守る日」です。あなたを信じる自由と信仰を表現する自由の大切さを思います。この自由を脅かしたり否定したりする諸々の力に対して、いつも目覚めていることができますように。わたしたちをただ主にのみ従う者としてください。

主イエス・キリストの御名によって祈ります。

■ 世界祈祷日

神さま、今日は「世界祈祷日」です。あなたの創造された世界とそこに生きる人々を覚えます。とりわけ戦乱や困窮の中にある人々、苦しみと不安の中にある人々に、あなたの慰めと助けを祈ります。この世のすべての人々が、愛と平和のもとで、共に生きる者となりますように。

主イエス・キリストの御名によって祈ります。

■ 労働聖日（働く人の日）

神さま、今日は「労働聖日」です。わたしたちに与えられた日々の仕事、それぞれの使命に感謝します。この働きを通して神と隣人に仕えることができますように。またすべての人が適切な労働の場と状況のもとで、喜びをもって働くことができるようにお守りください。
主イエス・キリストの御名によって祈ります。

■ 母の日

神さま、「母の日」を覚えて祈ります。あなたがわたしたちの家族を通して、ことに母親を通して与えてくださった豊かな恵みに感謝します。わたしたちの母、わたしたちの家族を祝福してください。わたしたちが受けた恵みを、多くの人々と共に分かち合うことができますように。
主イエス・キリストの御名によって祈ります。

■ アジア・エキュメニカル週間

神さま、今週、わたしたちは「アジア・エキュメニカル週間」を迎えます。アジアの豊かな伝統と文化、多様な社会と人々の存在に感謝します。アジアにおけるいろいろな重荷や課題を覚えつつ、互いに敬意をもって、共に歩み続けることができるようにしてください。
主イエス・キリストの御名によって祈ります。

■ 子どもの日（花の日）

神さま、「子どもの日（花の日）」を覚えて祈ります。あなたがこの世界に子どもたちを与え、共に生きる者としてくださったことに感謝します。一人ひとりの命と人格が尊重され、誰もがすこやかに成長することができますように。すべての子どもたちをお守りください。

主イエス・キリストの御名によって祈ります。

■ 日本基督教団創立記念日

神さま、今日は「日本基督教団創立記念日」です。あなたがわたしたちの教団の歩みを導いてくださったことを感謝します。教団に属する諸教会が愛と真実をもって交わり、この時代、この世にあって、御心にかなった証しと奉仕の業(わざ)を果たすことができますように。

主イエス・キリストの御名によって祈ります。

■ 平和聖日

神さま、今日は「平和聖日」です。わたしたち人間の犯す争い、破壊、混乱をお赦(ゆる)しください。命を脅(おびや)かされ、その心身に傷を負っている人々をかえりみてください。主の平和が一日も早く世界の隅々にまで実現しますように。わたしたちを平和の器として用いてください。

主イエス・キリストの御名によって祈ります。

■ 世界聖餐日、世界宣教の日

神さま、今日は「世界聖餐（せいさん）日、世界宣教の日」です。主の御名による聖餐を通して、世界中の教会の一致と交わりを確認させてください。また教会がこの世界のあらゆる場所で主を証しし、主の福音を宣べ伝えることができますように。わたしたちの使命を想起させてください。

主イエス・キリストの御名によって祈ります。

■ 神学校日

神さま、主の名によって建てられているそれぞれの神学校を祝福してください。福音宣教に生涯をささげようとしている神学生たちの学びと、教師たちの教育と研究の働きを支えてください。学ぶ者と教える者とが、共にあなたに仕えるために、よき働きができますように。

主イエス・キリストの御名によって祈ります。

■ 伝道献身者奨励日

神さま、伝道献身者が起こされますように祈ります。あなたは、宣教という手段によって信じる者を救おうとされました。福音宣教が難しい今日にあってもなお、伝道のために生涯をささげる者たちを召し出してください。

主イエス・キリストの御名によって祈ります。

■ 信徒伝道週間

神さま、わたしたちはこの一週間を「信徒伝道週間」として過ごします。キリスト者それぞれは、賜物(たまもの)も違い、働(はたら)きも違っていますが、皆、福音を宣べ伝える器としてあなたに用いられています。どうか一人ひとりに福音の宣教を担う使命が与えられていることを自覚させてください。

主イエス・キリストの御名によって祈ります。

■ 教育週間

神さま、今週わたしたちは「教育週間」を覚えて過ごします。教会に託されている信徒教育、そして子どもたちの教育の大切さを思います。神と人とを愛することができるおとなとなりますように、教会教育の業(わざ)を祝福してください。

主イエス・キリストの御名によって祈ります。

■ 宗教改革記念日

神さま、「宗教改革記念日」を覚えて祈ります。かつて宗教改革者たちは、福音に正しく立った信仰の回復を目指しました。しかし教会は分裂してしまいました。すべての教会が、和解と一致を目指して歩みよることができますように。

教会のただ一人の主イエス・キリストの御名によって祈ります。

■ 聖徒の日（永眠者記念日）

神さま、「聖徒の日」にあたって、この地上の礼拝と天上の礼拝が主によって一つにされていることを覚え、感謝いたします。わたしたちも代々(よよ)の聖徒たちと共に、限りなく主の大いなる御名をほめたたえます。

すべての者の主であるイエス・キリストの御名によって祈ります。

■ 障害者週間

神さま、肉体的、精神的な障がいを背負って生きている方々が、社会において差別されることなく、生きる尊厳を傷つけられずに生きることができますように。皆、神さまに命をいただき、神さまに愛されている子として生きている事実を一緒に喜ぶことができますように。

主イエス・キリストの御名によって祈ります。

■ 収穫感謝日

神さま、人は種をまき、世話をして作物を育てます。けれども収穫をもたらしてくださるのはあなたです。わたしたちは今年もあなたの恵みの実りを感謝します。収穫が多くても少なくても、皆、あなたに感謝して、また来年の実りもあなたの御手(みて)に委(ゆだ)ねることができますように。

主イエス・キリストの御名によって祈ります。

■ 謝恩日

神さま、今日は「謝恩日」を覚えて祈ります。与えられた一度の人生をあなたにささげ、伝道者として生きた人々をかえりみてください。隠退後の生活をも祝福してください。隠退教師の生活をしっかりと支えられますよう、教会の献げものを用いてください。

主イエス・キリストの御名によって祈ります。

■ 社会事業奨励日

神さま、「社会事業奨励日」を覚えて祈ります。「神を愛し、隣人を愛する」という戒(いまし)めを社会事業という形であらわしている団体とそこで働く人々、奉仕する人々を祝福してください。また、あなたの愛を人々の中に広く分かち合うために、キリスト教社会事業にたずさわる働き人を増し加えてくださいますように。

主イエス・キリストの御名によって祈ります。

罪の告白の祈り

執り成しの祈り

奉献の祈り（献金後の感謝の祈り）

《罪の告白の祈り》

＊「罪の告白の祈り」(13)〜(19)は、『式文（試用版）』「罪の告白」(59-65頁）より転載
＊以下の祈りにおける〔司〕は「司式者」、〔会〕は「会衆」を指す

■ 罪の告白の祈り (1)

〔司〕 主よ、わたしたちは告白します。わたしたちの心の中の悩みは、あなたへの信頼よりもずっと大きなものでした。

〔会〕 神よ、わたしたちをお赦(ゆる)しください。

〔司〕 主よ、わたしたちは告白します。わたしたちは隣人のために配慮するより、自分の利益を優先させてきました。

〔会〕 神よ、わたしたちをお赦しください。

〔司〕 主よ、わたしたちは告白します。わたしたちはあなたの戒(いまし)めにではなく、ほかの人の言葉や自分の欲求に従いました。

〔会〕 神よ、わたしたちをお赦しください。

〔司〕 主よ、わたしたちは告白します。わたしたちはこの世界で為(な)すべきことをせず、語るべきことを語りませんでした。

〔会〕 神よ、わたしたちをお赦しください。

〔司〕 神がわたしたちを憐れみ、罪を赦し、新しい生き方へと向かわせてくださいますように。

〔会〕 イエス・キリストの御名によって祈ります。アーメン。

■ 罪の告白の祈り（2）

〔司〕 神さま、わたしたちは御前に進み出て、あなたの憐れみを願い求めます。

（沈黙）

〔司〕 神さま、わたしたちの心の中にある偏見と、疑いと、無知を、あなたの御前に置きます。そして信じるために聖霊を求めて祈ります。

（沈黙）

〔司〕 神さま、わたしたちの心の中にある失望と、敗北感と、諦(あきら)めを、あなたの御前に置きます。そして希望を与える聖霊を求めて祈ります。

（沈黙）

〔司〕 神さま、わたしたちの心の中にある傲慢(ごうまん)さと、思慮の浅さと、愛の欠乏を、あなたの御前に置きます。そして愛するための聖霊を求めて祈ります。

（沈黙）

〔司〕 わたしたちは日毎(ひごと)のパンと共に、信仰と希望と愛を必要としています。あなたが聖霊によってそれらを与えてくださいますように。いと高き神に栄光がありますように。

〔会〕御名によって祈ります。アーメン。

■ 罪の告白の祈り (3)

〔司〕 恵みと憐れみに富みたもう主なる神さま、
わたしたちは今、あなたの御前に罪を告白します。
わたしたちは言葉と行いと思いによって、罪を犯しました。ひるがえっては、そのために自分自身を傷つけ、悩まし、苦しんできました。

〔会〕主よ、あなたはそれをご存じです。

〔司〕 わたしたちは自らを第一とし、自分だけに心をかたむけ、自分自身を中心に生きてきました。
わたしたちは兄弟姉妹である人々を忘れ、とりわけ悩みの中にある人々、飢えや渇きの中にある人々、助けを求める人々の隣人となることを怠(おこた)ってきました。

〔会〕主よ、あなたはそれをご存じです。

〔司〕 主なる神さま、わたしたちは今、あなたに願い求めます。どうかわたしたちに目を留め、わたしたちが言葉と行いと思いによって犯した罪をお赦(ゆる)しください。

〔会〕主よ、わたしたちの祈りをお聞きください。

〔司〕 聖霊によってわたしたちをきよめ、語るべき言葉、為(な)すべき行い、心に抱くべき思いをお与えください。

〔会〕主よ、わたしたちの祈りをお聞きください。

〔司〕 隣人へのまことの愛をもって、共に泣き共に笑い、共に悲しみ共に喜ぶ者としてください。自分自身にではなく、あなたの限りない恵みと憐れみに信頼して生きる者としてください。

〔全員〕御子イエス・キリストの御名によって祈ります。アーメン。

■ 罪の告白の祈り（4）

わたしたちの造り主であり、導き手である神さま、

わたしたちは思いと行いと言葉によって罪を犯し、あなたから遠く離れていました。わたしたちはしばしばあなたのことを忘れ、あなたを悲しませてきました。深い畏れをもって、あなたの御前に罪を懺悔します。

主なる神さま、わたしたちが生かされていることを当たり前のように思ったり、自分自身を主張することばかりに、時と力を費やしてきたことを、お赦しください。わたしたちの命があなたから与えられたものであり、わたしたちの人生があなたによって導かれるものであることを、真剣に受けとめ、感謝する心を、今新たに与えてください。

主なる神さま、わたしたちが隣人のために祈らず、心を向けることなく、あなたの戒めを怠ってきたことをお赦しください。互いに愛し合い、隣人と共に生きる時にこそ、わたしたちの人生にまことの祝福と真の意味が与えられることを、今新たに教えてください。

主なる神さま、あなたによって与えられた命の貴さをわたしたちに示し、あなたによって創造されたこの世界の貴さをお示しください。あなたの福音の器としてわたしたちを造りかえてください。聖霊によってわたしたちをきよめ、あなたの御用にお用いください。

憐れみの主イエス・キリストの御名によって祈ります。アーメン。

■ 罪の告白の祈り (5)
〔司〕 恵み深い神さま、あなたの御前に集められ、
　　　過ぎた一週間の歩みを振り返ります。
　〔会〕 あなたから多くの恵みと導きを与えられたことを
　　　　感謝いたします。

〔司〕 けれども、時に目の前の出来事に目を奪われ、
　　　あなたを見失うわたしたちでした。
　〔会〕 自分の思いでいっぱいになってしまうことのある
　　　　わたしたちであったことを懺悔(ざんげ)いたします。

〔司〕 陥(おちい)った困難に、自分だけの力で何とかしようと
　　　気ばかり焦(あせ)って、あなたを見失いました。
　〔会〕 隣人に対する愛を忘れて自己中心的になり、
　　　　周囲の人々を傷つけてしまいました。

〔司〕 今あなたへと心を開き、御言葉を受けて、
　〔会〕 あなたへと心を向けて歩み出せるようにしてください。
　　　　御名によって祈ります。アーメン。

■ 罪の告白の祈り（6）

憐れみ深い神さま、
わたしたちはあなたから多くの恵みをいただき、生かされています。

けれども、そのことを当たり前のように、自分の力であるかのように振る舞ってしまいます。
わたしたちはあなたから、共に生きる人たちとのたくさんの交わりを与えられています。

けれども、それを自分で得たものであるかのように思ってしまいます。そのために、与えられているものを大切にせず、不平を抱き、粗末にしてしまいます。

あなたを見失い、自分自身と隣人とを大切にできないわたしたちを憐れんでください。あなたへと心を向け、あなたの恵みに心を開き、感謝をささげることができるようにしてください。
御名によって祈ります。アーメン。

■ 罪の告白の祈り（7）

天の父よ、
あなたは決してわたしたちから離れることはありません。
　しかし、わたしたちはたびたびあなたから離れてしまいます。
わたしたちの罪と過ちを懺悔(ざんげ)いたします。

わたしたちは不親切な態度によって隣人を悲しませ、気づかないうちに、御心に背いてしまいます。
わたしたちのすべての罪をお赦(ゆる)しください。

今も後も、あなたの御手に固く依(よ)りすがって、導きのままに歩むことができますように。
御名によって祈ります。アーメン。

■ 罪の告白の祈り (8)

〔司〕 天の父なる神さま、
　　　わたしたちは思いと言葉と行いによって罪を犯しました。
　〔会〕 どうか、わたしたちをお赦(ゆる)しください。

〔司〕 わたしたちは自分本位であり、どん欲であり、頑(かたく)なであり、高慢であり、怠慢(たいまん)であり、安易でありました。
　〔会〕 どうか、わたしたちをお赦しください。

〔司〕 御子キリストのゆえに、わたしたちをきよめ、お導きください。
　〔会〕 どうか、わたしたちをお助けください。

〔司〕 心新たにして造りかえられ、ますます神と隣人を愛することができますように。
　〔会〕 どうか、わたしたちをお助けください。

〔全員〕御名によって祈ります。アーメン。

■ 罪の告白の祈り (9)

天におられ、地にもおられる神さま、

主の日の礼拝からそれぞれの持ち場に遣わされたわたしたちでしたが、あなたの御心をたずねることが少なく、祈る時には自分の願いばかり並べたてました。主を信頼するよりも、恐れや不安にとらわれ、思い煩いの多い日を過ごしてきました。

互いに愛し合いなさいという主イエスの教えに忠実でいることができませんでした。傷つき疲れている友に手を差し伸べようとせず、自分の道の先を急いでしまいました。

わたしたちは罪にまみれたまま御前に集い、主イエスの十字架を見上げています。わたしたちの頑なな心が打ち砕かれることを願います。悔い改め、あなたの限りない愛にお応えする者にならせてください。

主イエス・キリストの御名によって祈ります。アーメン。

■ 罪の告白の祈り（10）

〔司〕 わたしたちのすべてを知っておられる神さま、
　〔会〕 どうかわたしたちをかえりみてください。

〔司〕 わたしたちは御前に罪を告白いたします。
　〔会〕 御心に沿わない歩みをしてきました。

〔司〕 神さまの愛にお応(こた)えして生きることができませんでした。
　〔会〕 どうかわたしたちを憐れんでください。

〔司〕 わたしたちは罪にまみれています。
　〔会〕 わたしたちの足は汚れています。

〔司〕 主よ、どうかわたしたちの足を洗ってください。
　〔会〕 わたしたちの足を洗い、
　　　　あなたと結ばれた者にしてください。

〔司〕 わたしたちもひざまずいてあなたの足を洗うことを願います。
　〔会〕 主イエス・キリストの御名によって、
　　　　心から願い祈ります。

〔全員〕アーメン。

■ 罪の告白の祈り (11)

主なる神さま、
あなたが聖書を通して与えられた戒(いまし)めは、あなたに贖(あがな)い出された者にとって、命を守る言葉、自由を守る道しるべです。あなたの戒めに従う時、わたしたちは正しく歩みを進めることができ、右にも左にもそれずに、まっすぐにあなたの敷いてくださった道を歩くことができます。

しかしながら、わたしたちはこれを軽んじ、あなたの御旨(みむね)に沿うことなく、それぞれが勝手な道を歩んできました。そのために、本来進むべき道を見失い、最も大切なものが何であるのかがわからなくなったままで、日々を生きてきました。
「心を尽くし、精神を尽くし、思いを尽くしてあなたの神である主を愛しなさい」という教えと、「隣人を自分のように愛しなさい」という教えを、あなたは最も大切な戒めとして教えてくださいました。

しかしわたしたちはそのことを忘れて、神でないものを愛してしまい、隣人を自分自身のように愛することができなかったことを、今あなたの御前に告白いたします。
どうかイエス・キリストの贖(あがな)いのゆえに、わたしたちの罪を赦(ゆる)してくださいますように。
救い主イエス・キリストの御名によって祈ります。アーメン。

■ 罪の告白の祈り (12)

〔司〕 神さま、わたしたちはあなたに対して果たすべき責任を果たさないで日々を過ごしてきました。

〔会〕 わたしたちは今、無責任だった自分を認め、
懺悔(ざんげ)いたします。

〔司〕 あなたはただ一人の神です。しかしわたしたちは、まことの神であるあなたを忘れて、被造物に過ぎないものを神としてしまい、僕(しもべ)のように仕えてしまいました。

〔会〕 わたしたちは今、あなたに背いたことを認め、
懺悔いたします。

〔司〕「隣人を自分のように愛しなさい」というあなたの戒(いまし)めを忘れ、隣人の利益を考えず、自分の利益ばかりを追い求めてきました。

〔会〕あなたと隣人を愛せなかったことを懺悔いたします。

〔司〕 イエス・キリストはすべての人を愛し、すべての人の身代わりとなって十字架にかかられました。しかしわたしたちはその恵みを忘れ、あなたの御心に反する歩みを繰り返してきました。

〔会〕 わたしたちは今、イエス・キリストの歩みに
従えなかったことを懺悔いたします。

〔全員〕どうか十字架の贖(あがな)いのゆえに、あなたの戒めを守れなかったわたしたちの罪を赦(ゆる)してくださいますように。
救い主イエス・キリストの御名によって祈ります。
アーメン。

■ 罪の告白の祈り (13)

司式者　全能の神に罪を告白しましょう。

とこしえにいます父なる神、わたしたちは、皆、御前にあって罪人です。あなたの戒(いまし)めに背き、御旨(みむね)に逆らい、裁きにしか値しない者です。また、御言葉を悟らず、不信仰に傾き、自分の力では御心に適(かな)うことができません。今、わたしたちは正しい道からはずれたことを悔い、あなたの憐れみと恵みを呼び求めます。どうか、御子イエス・キリストのゆえに、すべての罪をお赦(ゆる)しください。そして、あなたに従う新しい生活に導いてくださいますように。主イエス・キリストの御名によって（祈ります）。

一　同　アーメン。

■ 罪の告白の祈り（14）

司式者 全能の神に罪を告白しましょう。

憐れみ深い父なる神、わたしたちは心を尽くしてあなたを愛すことができず、自分自身のように隣人を愛すことができませんでした。また、自分が赦(ゆる)されることを望みながら、人を赦すことができませんでした。どうか、今日、わたしたちが立ち直ることができるように、赦しの恵みを与えてください。そして、憎しみや対立から解放された、新しい歩みに導いてくださいますように。主イエス・キリストの御名によって（祈ります）。

一 同 アーメン。

■ 罪の告白の祈り（15）

司式者 全能の神に罪を告白しましょう。

憐れみ深い父なる神よ、わたしたちは御言葉に信頼することに薄く、戒(いまし)めに従って歩むことに怠慢(たいまん)でありました。御心に背いて罪と過ちを重ねたことを懺悔(ざんげ)いたします。どうか今、わたしたちを憐れみ、御子イエス・キリストの贖(あがな)いのゆえに、お赦(ゆる)しください。そして、悔い改めるわたしたちに、豊かな恵みを与え、新しい命で満たしてくださいますように。主イエス・キリストの御名によって（祈ります）。

一 同 アーメン。

■ 罪の告白の祈り（16）

司式者 全能の神に罪を告白しましょう。
とこしえにいます父なる神よ、わたしたちは御言葉を悟らず、不信仰に傾き、自分の力によっては御心に適（かな）うことのできない罪人であることを告白いたします。今、御心を痛めたことを悔い、あなたの憐れみを呼び求めます。どうか、御子イエス・キリストのゆえに、わたしたちをお赦（ゆる）しください。そして、聖霊の導きによって正しい道を歩むことのできる者としてくださいますように。主イエス・キリストの御名によって（祈ります）。

一同 アーメン。

■ 罪の告白の祈り (17)

司式者	全能の神に罪を告白しましょう。
司式者	神よ、わたしを憐れんでください
会　衆	御慈しみをもって。
司式者	深い御憐れみをもって、背きの罪をぬぐってください。
会　衆	わたしの咎(とが)をことごとく洗い 罪から清めてください。
司式者	あなたに背いたことをわたしは知っています。
会　衆	わたしの罪は常にわたしの前に置かれています。
司式者	あなたの言われることは正しく
会　衆	あなたの裁きに誤りはありません。
司式者	わたしは咎のうちに産み落とされ
会　衆	母がわたしを身ごもったときも わたしは罪のうちにあったのです。
司式者	ヒソプの枝でわたしの罪を払ってください
会　衆	わたしが清くなるように。
司式者	わたしを洗ってください
会　衆	雪よりも白くなるように。
司式者	喜び祝う声を聞かせてください
会　衆	あなたによって砕かれたこの骨が 喜び躍るように。
司式者	わたしの罪に御顔を向けず
会　衆	咎をことごとくぬぐってください。

（詩編 51 編から）

■ 罪の告白の祈り (18)

司式者　全能の神に罪を告白しましょう。
司式者　主よ、わたしの祈りをお聞きください。
一　同　あなたのまこと、恵みの御業(みわざ)によって
　　　　わたしに応(こた)えてください。
司式者　あなたの僕(しもべ)を裁きにかけないでください。
会　衆　御前に正しいと認められる者は
　　　　命あるものの中にはいません。（詩編143編から）

■ 罪の告白の祈り (19)

司式者　全能の神に罪を告白しましょう。
司式者　主よ　思い起こしてください
会　衆　あなたのとこしえの憐れみと慈しみを。
司式者　わたしの若いときの罪と背きは思い起こさず
会　衆　慈しみ深く、御恵みのために
　　　　主よ、わたしを御心に留めてください。
司式者　主は恵み深く正しくいまし
会　衆　罪人に道を示してくださいます。
司式者　裁きをして貧しい人を導き
会　衆　主の道を貧しい人に教えてくださいます。
司式者　その契約と定めを守る人にとって
会　衆　主の道はすべて、慈しみとまこと。
司式者　主よ、あなたの御名のために
会　衆　罪深いわたしを赦(ゆる)してください。

（詩編25編から）

《執り成しの祈り》

* 「執り成しの祈り」(13)〜(15)は、『式文（試用版）』「とりなしの祈り」
（71-75頁）より転載
* 以下の祈りにおける〔司〕は「司式者」、〔会〕は「会衆」を指す

■ 執り成しの祈り (1)

世界を創造された神さま、

地球上に生きるすべての人、動物と植物、大地と水のために祈ります。それらに感謝し、大切にすることを教えてください。地球上のあらゆる文化と思想と宗教のために祈ります。わたしたちが互いに尊重し合い、そこから学び合うことを教えてください。

（応答唱）

神さま、心とからだに病を負う人のために祈ります。すべての生命があなたの御手のうちにあることへの信頼と希望を与えてください。

（応答唱）

貧しい人、孤独な人、悲しむ人のために祈ります。そのような人々に、共に生きる友を与えてください。そしてわたしたち自身をそのような人々の友としてください。

（応答唱）

わたしたちの家族のために祈ります。教会の門をくぐるすべての人のために祈ります。この地域、この町に住むすべての人のために祈ります。この世界に生きるすべての人のために祈ります。すべての人に、日々あなたの祝福を与えてください。

わたしたちの友なるイエス・キリストの御名によって祈ります。アーメン。

■ 執り成しの祈り (2)

〔司〕 わたしたちの心の中にある祈りを集めて、執り成しの祈りをささげましょう。
　　　住まいのない人々のため、故郷を後にせざるを得なかった人々のために祈ります。この世界のすべての人々に安心できる場所が与えられますように。

〔全員〕『讃美歌21』85番「サント・サント・サント」

〔司〕 大きな不安や恐れや悩みを抱えている人々のために祈ります。そのような人々が共におられるあなたに信頼し、平安を得ることができますように。

〔全員〕『讃美歌21』85番「サント・サント・サント」

〔司〕 高齢の時代を生きる人々のために祈ります。その日々の生活があなたの祝福のもと、平穏で豊かで快活なものでありますように。

〔全員〕『讃美歌21』85番「サント・サント・サント」

〔司〕 この国と社会のために祈ります。どうかあなたの御心が地に行われますように。そのためにわたしたちを為すべき務めへと向かわせてください。

〔司〕 主よ、わたしたちは祈ります。
　〔会〕 わたしたちの心からの祈りをお聞きください。アーメン。

■ 執り成しの祈り (3)

〔司〕 世界の造り主、歴史の導き手なる神さま、

数知れぬ問題と苦しみの中にある、この時代と社会にあなたの助けと顧(かえり)みを祈り求めます。

どうかあなたの力強い御手を伸べ、争い、暴力、貧困、差別、苦難、抑圧、欺瞞(ぎまん)、搾取(さくしゅ)、いじめなど、人が隣人に対して犯すすべての過ちと不正を裁いてください。そして、それらに代えて、あなたの平和、あなたの正義、あなたの御国を実現してください。

〔会〕 主よ、この祈りをお聞きください。

〔司〕 主なる神さま、

この日、世界中で行われる礼拝にあなたの聖霊を送り、そこに集うすべての人々を祝福してください。すべての教会・教派が、それぞれの伝統と宣教を大切にしながら、お互いに交わり、支え合い、共に働き、愛し合うことを通して、この世にキリストを証しすることができますように。

〔会〕 主よ、この祈りをお聞きください。

〔司〕 主なる神さま、

日本にあるすべてのキリスト教会の上に、とりわけわたしたちが属している日本基督教団（○○教区○○地区）の上に、あなたの祝福を与えてください。日本社会のさまざまな課題と困難を覚えながら、お互いに交わり、支え合い、共に働き、愛し合うことを通して、この世にキリストを証しすることができますように。

〔会〕 主よ、この祈りをお聞きください。

III 罪の告白の祈り／執り成しの祈り／奉献の祈り（献金後の感謝の祈り）

■ 執り成しの祈り（4）

恵みと憐れみに富みたもう主なる神さま、

あなたがすべての人間を、等しく大切にしてくださることを感謝します。同時に、あなたが一人ひとりに異なる人格と異なる賜物（たまもの）、異なる人生を与えてくださったことを感謝します。

主なる神さま、人生は先々まで見通せるものではなく、また、わたしたちの思い通りになるものでもありません。けれどもあなたは、わたしたちのことを誰よりもよくご存じです。あなたは耐えきれぬ重荷を負わすことなく、また、わたしたちを孤独のうちに放り出すこともなさいません。

主なる神さま、人生を生きて行く上で、わたしたちが必要とするものを、多すぎることなく、また、少なすぎることなく、お与えください。わたしたちにできることとできないことを判断する知恵を与え、あなたに望むべきことと望むべきでないことを判断する知恵を与えてください。

主なる神さま、今ここで祈る一人ひとりをかえりみてください。あなたが命を与え今まで導いてこられたように、今日から始まる日々も同じように導いてください。

主なる神さま、この教会を通して、あなたの祝福がこの世界に広がり行きますように。わたしたちがあなたの祝福を告げ知らす器として、家族、友人、地域や職場、多くの人々に福音の喜びを届けることができますように。

主イエス・キリストの御名によって祈ります。アーメン。

■ 執り成しの祈り（5）

すべての人に愛を注がれる神さま、
今日の礼拝に集うことがかなわない者を覚えて祈ります。

病の床にある者を、施設に入っておられる者を、責任を担う働きの中にある者を、家族のために役割のある者を、また、旅の途上にある者を。
いつも、どこにいてもあなたが共にいてくださる信仰を堅くすることができますように。
教会から離れている者を、心に痛みを覚えている者を、わたしたちが交わりの中にあることを覚えて祈ることができますように。

そして、まだ神さまと出会っていない者のために、わたしたちが和解の福音を伝える者として用いられますように。
御名によって祈ります。アーメン。

■ 執り成しの祈り (6)

〔司〕 世界を導かれる神さま、
　〔会〕 今もなお、この世界に対立と争いが絶えません。

〔司〕 その中で苦しむ、弱く小さな存在のために祈ります。
　〔会〕 貧困の中にある人々、悲しみの中にある人々、
　　　　不正に苦しめられている人々

〔司〕 この世界の中で平和を実現するために心砕き、働く
　　　人々のために
　〔会〕 神の義のために迫害される人々のために祈ります。

〔司〕 わたしたちが世界で起こることから目を背けず、
　〔会〕 希望を失わずに祈り続けることができますように。
　　　　御名によって祈ります。アーメン。

■ 執り成しの祈り（7）

主よ、全世界にいるあなたの民をかえりみてください。
その生活がキリストによって支配されますように。そして、隣人への奉仕と、あなたの真理の証しのために、喜んで自分自身をささげることができますように。

主よ、世界の国々をかえりみてください。
その指導者に悟りとわきまえを、その国民に知恵ある心をお与えください。そして、どこにおいても、真の平和と一致とが打ち立てられますように。

主よ、世界中の助けを必要としている人々をかえりみてください。
どうか、あなたの慈しみと力が示され、皆があなたの愛を信じて生きることができますように。

主よ、わたしたちに善を行う人々であれ、悪を行う人々であれ、すべての人々をかえりみてください。
どうか、魂を傷つけるあらゆるものから皆を守り、やがては、御国の喜びへと導いてください。
主イエス・キリストの御名によって祈ります。アーメン。

■ 執り成しの祈り (8)

〔司〕 愛と知恵と力の源である主よ、
　　　政治の責任を負う人々を導いてください。あなたの正義
　　　を求め、御心にかなう働きをすることができますように。
　〔会〕 主よ、わたしたちの祈りを聞いてください。

〔司〕 迫害されている人々に希望を与え、悪しき時代にあっ
　　　ても勇気を持つことができるようにしてください。
　　　また、愛する者を失った人の心が癒(いや)されますように。
　〔会〕 主よ、わたしたちの祈りを聞いてください。

〔司〕 生きる意味と目的を見失っている人、信仰の確信を
　　　失っている人をお導きください。生きる喜びとあなた
　　　を信頼する心を取り戻すことができますように。
　〔会〕 主よ、わたしたちの祈りを聞いてください。

〔司〕 主の特別な奉仕に召された人々を強めてください。そ
　　　の言葉と行いとによって、すべてのところで、あなた
　　　に喜ばれる働きをすることができますように。
　〔会〕 主よ、わたしたちの祈りを聞いてください。

〔司〕 わたしたちの家族や友人たちに目を留めてください。
　　　罪を遠ざけ、危うい道からお守りください。
　〔会〕 主よ、わたしたちの祈りを聞いてください。

〔全員〕 御名によって祈ります。アーメン。

■ 執り成しの祈り (9)

わたしたちを憐れんでくださる神さま、
世界のため、教会のため、互いのためにささげるわたしたちの祈りを聞きあげてください。

紛争や災害に見舞われた地域のために、また、貧しさから命が危機にさらされている人々のために祈ります。物質的な豊かさや効率のよさを求め、差別や偏見にとらわれるわたしたち自身が争いの種をまき、貧しさをつくり出し、自然を破壊し、多くの苦しみを生み出しています。世界を悔い改めへと導き、あなたの光で照らしてください。

世界の教会のために祈ります。困難にひるむことなく希望をもって歩めるよう、導いてください。教会のために働く教師たち、学びを重ねる神学生たちを祝福し、力強く主の御言葉をとりつぐことができるよう、導いてくださいますように。

わたしたちが家族や隣人、学校や職場の仲間を覚えて祈り、拙(つたな)い言葉や行いであっても、あなたを証しできるようにしてください。
主イエス・キリストの御名によって祈ります。アーメン。

■ 執り成しの祈り（10）

〔司〕 わたしたちに命の糧(かて)を与えてくださる神さま、
　〔会〕あなたの僕(しもべ)がささげる祈りを聞きあげてください。

〔司〕 心とからだに疲れや痛みを覚えている者がおります。
　〔会〕 あなたの癒(いや)しの御手をかざしてください。

〔司〕 負うべき重荷にあえいでいる者がおります。
　〔会〕 あなたのもとで休ませてください。

〔司〕 犯した罪に苦しんでいる者がおります。
　〔会〕 あなたへと立ちかえらせてください。

〔司〕 わたしたちの町のために祈ります。
　〔会〕 救いを求める人を礼拝へと招いてください。

〔司〕 わたしたちの国のために祈ります。
　〔会〕 隣人を愛し、平和をつくり出す国にならせてください。

〔司〕 自分には何の価値もないと言う人をかえりみてください。
　〔会〕 一人ひとりがあなたに愛されていることを、
　　　　多くの人が知るようになりますように。

〔司〕主イエス・キリストの御名によって祈ります。
　〔全員〕アーメン。

■ 執り成しの祈り (11)

神さま、

思いを寄せつつも、この恵みの礼拝に集うことのできなかった兄弟や姉妹を覚えます。どうぞ一人ひとりをかえりみてください。

この安息の時にも仕事をしなければならない友がいます。どうぞその人たちをかえりみてください。安息の時が備えられて、心とからだとを休めることができますように。また、仕事の合間の短い時間にささげる祈りも、ここでわたしたちがささげる祈りと同じく聞き入れてください。

長い間、礼拝に集うことのできない友のために祈ります。その理由はあなたがよくご存じです。どうぞ一人ひとりに呼びかけてくださいますように。もし躓(つまず)きを覚えて教会に足が向かないようでしたら、躓きの石を取りのけてくださいますように。

病の床にある友、高齢のゆえにここに集うことのできない友のためにも祈ります。それぞれの部屋に、主が訪ねてくださいますように。一人ひとりがささげる祈りを聞き入れてください。そしてこの群れの一員として、主の御言葉に共に聴き、共に祈り、そして共に賛美する喜びの生活を回復することができますように。

イエス・キリストの御名によって祈ります。アーメン。

■ 執り成しの祈り (12)

〔司〕 神さま、困難な状況を生きている人々のために祈ります。大きな災害によって家を失い、仕事を失い、愛する者を失い、今なお故郷に戻れない人たちがいます。

〔会〕 一人ひとりを慈愛の御手によって支えてください。

〔司〕 厳しい状況にある主の教会の群れを覚えて祈ります。困難が続く中で今日も礼拝をささげています。

〔会〕 厳しさの中にある、教職、信徒、そのご家族、教会学校の生徒たち、求道者の方々を支えてください。

〔司〕 戦争や政治的圧力によって平和な生活が取り上げられ、難民として生きている民を覚えます。

〔会〕 一人ひとりに居場所を与えてください。

〔司〕 国の指導者たちが、世界の平和を保障することが自分たちの使命であることに気づきますように。

〔会〕 指導者ばかりに責任を押し付けず、平和をつくり出すために祈り、働くことを喜びとできますように。

〔司〕 仕事が与えられない人々、貧しさのゆえに日々の生活に苦しんでいる人々をかえりみてください。

〔会〕 すべての民に今日のパンが与えられますように。

〔全員〕 いつもわたしたちと共にいてください。アーメン。

■ 執り成しの祈り (13)

全能の父なる神、あなたは主イエス・キリストをかしら石とし、使徒と預言者とを土台として、あなたの教会を地上に建て、その中に住まうことを約束なさいました。今、御言葉と聖霊とによって教会を照らし導いてください。信徒たちの信仰が強められ、すべての教職が愛と真実とをもって主に仕え、教会が成長発展して、御名の栄光をあらわすようにしてください。

世界の主なる神、わたしたちの国を守り、あなたの平和をいつまでも保たせてください。政治に当たる者が真理と公平とをもって御心を行い、国民が自由と責任とをもって日毎の業に励み、世界の国家と民族とがあなたを敬い、互いに信頼しつつ、神の国を待ち望むようにしてください。

慈愛の源なる神、すべての家庭を祝福し、そこで育つ子供たちに信仰と希望とを与えてください。病んでいる者、虐げられている者、悩みの中にある者をかえりみ、速やかにその中から救い出して、健康と平安とを回復させてください。主イエス・キリストの御名によって（祈ります）。アーメン。

■ 執り成しの祈り (14)

主よ、全世界にいるあなたの民を顧みてください。
その生活がキリストによって
支配されるよう導いてください。
そして、隣人への奉仕と、
あなたの真理の証しのために、
喜んで自分自身を献げることができますように。

主よ、世界の国々を顧みてください。
その指導者に悟りを、
その国民に知恵をお与えください。
そして、どこにおいても、
真の平和と一致とが打ち立てられますように。

主よ、世界中の助けを必要としている人々を顧みてください。
どうか、あなたの御力を示し、
あなたの愛を信じて生きることができるようにしてください。

主よ、わたしたちに善を行う人々であれ、
わたしたちに悪を行う人々であれ、すべての人々を顧みてください。
どうか、たましいを傷つけるものからすべての人々を守り、
やがては、わたしたちと共に、御国の喜びへと導いてください。

主イエス・キリストの御名によって（祈ります）。アーメン。

■ 執り成しの祈り（15）

愛と知恵と力の源である主よ、
政治の責任を負う人々を導いてください。
あなたの正義を求め、
その慈しみに適(かな)う働きをすることができますように。

迫害されている人々に希望を与え、
悪しき時代にあっても堅く立てるようにしてください。
また、死や別離によって
愛する者を失って嘆き悲しむ人々が慰(なぐさ)められ、
その心の傷がいやされますように。

生きる意味と目的を見失っている人、
信仰の確信を失っている人をお導きください。
生きる喜びとあなたを信頼する心を取り戻すことができますように。

あなたに仕える務めに召された人々を強めてください。
すべてのところで、その言葉と業(わざ)とによって
あなたに喜ばれる働きをすることができますように。

わたしたちの家族とわたしたちの友人たちに目を留めてください。
罪に陥(おちい)ることなく、危うい道に走ることがないようにしてくださいますように。

主イエス・キリストの御名によって（祈ります）。アーメン。

Ⅲ　罪の告白の祈り／執り成しの祈り／奉献の祈り（献金後の感謝の祈り）

《奉献の祈り（献金後の感謝の祈り）》

＊「奉献の祈り（献金後の感謝の祈り）」(13)〜(15)は、『式文（試用版）』
　「献金後の感謝の祈り」(76-77頁）より転載
＊以下の祈りにおける〔司〕は「司式者」、〔会〕は「会衆」を指す

■ 奉献の祈り (1)

わたしたちにすべてのものをお与えになる神さま、

わたしたちの日々は、あなたから来るものによって支えられています。太陽も、空気も、水も、食べものも、すべてあなたから与えられたものです。

すべての命も、わたしたちが生きる場所も時間も、共に生きる仲間も、喜びも悲しみも、あなたから与えられたものです。

神さま、心から感謝します。

それなのに、わたしたちはしばしば、あなたに感謝することを忘れています。そしてあなたの豊かな恵みを無駄にしています。

神さま、わたしたちはあなたの恵みがなければ生きられないことを、いつもわたしたちに気づかせてください。そして、わたしたちを、日々の生き方を通して、あなたへの感謝をあらわす者としてください。

あなたが与えてくださったわたしたちの宝であるイエス・キリストの御名によって祈ります。アーメン。

■ 奉献の祈り(2)
『讃美歌21』42-1番「感謝せよ、主に」

恵み深い神さま、あなたはこの世界のすべての人が生きるために、豊かな恵みを与えてくださいます。心から感謝いたします。

神さま、それにもかかわらず、この世界には十分に食べることができず、生きるために必要なものを持つことのできない人々がいます。その一方で、多くの恵みを占有している人々がいます。

神さま、あなたの恵みを分かち合うことをわたしたちに教えてください。あなたの豊かさを自分のためだけにではなく、他者のために用いることを教えてください。

あなたから与えられた豊かな恵みをすべての人々と分かち合うために、今わたしたちをここから派遣してください。主の御名によって祈ります。アーメン。

『讃美歌21』42-1番「感謝せよ、主に」

■ 奉献の祈り (3)

すべてのものの造り主なる神さま、

わたしたちのものはすべて、命、からだ、心、あらゆる能力から持ちもの、人々との交わりに至るまで、あなたから与えられました。あなたの限りない恵みに感謝します。

わたしたちは、今ここに、与えられたものの一部を持ち寄りました。これらのものをわたしたちの献身のしるしとして御前におささげします。

この献げものを通して、わたしたちがあなたのものであることを想い起こし、あなたへの感謝と信頼を新たなものとすることができますように。そして与えられたすべてのものを通して、あなたの栄光をあらわすことができるように、わたしたちをお導きください。

主イエス・キリストの御名によって祈ります。アーメン。

■ 奉献の祈り (4)

主なる神さま、

わたしたちは、すべてのものをあなたから与えられています。今、わたしたちは自分自身をささげるしるしとして、この供えものをささげます。どうかあなたの御心によって、この献げものとわたしたちを用いてください。

イエスさまのお名前によって祈ります。アーメン。

■ 奉献の祈り（5）

恵み深い神さま、

わたしたちは、あなたから多くの恵みをいただいて、この一週間も歩んでくることができました。

与えられた恵みに感謝して、その一部をお返しいたします。

どうぞあなたの働きのために用いてください。

御名によって祈ります。アーメン。

■ 奉献の祈り（6）

命の源である神さま、

わたしたちは、あなたからすべてを与えられて、生かされています。

わたしたちの命、人生、生きるための場所、生きていくための糧、為すべき務め、生きる喜び楽しみ、家族、友人、共に働く仲間たち、教え導いてくれた人々、わたしたちの後に続く者たちなど、あなたから与えられたものを用いて、わたしたちは今を精いっぱい生きて行きます。

その恵みへの感謝のしるしに、与えられた宝の一部を、あなたに用いていただくためにささげます。

あなたの福音がこの世界に満ちるために用いてください。

御名によって祈ります。アーメン。

■ 奉献の祈り (7)

主なる神さま、
わたしたちが持っているものは、皆、あなたからいただいたものです。
今この献げものと共に、わたしたち自身を御用のためにささげます。
どうか、わたしたちを御国のために用いてください。
主イエス・キリストの御名によって祈ります。アーメン。

■ 奉献の祈り (8)

恵み豊かな神さま、
感謝と喜びをもって、この献げものを御前におささげいたします。あわせて、わたしたちの全生活をおささげいたします。
どうか、そのことによって、御心にかなうことが実現し、天の父であるあなたがあがめられますように。
主イエス・キリストの御名によって祈ります。アーメン。

■ 奉献の祈り (9)

今も生きて働いておられる神さま、

あなたの福音を地に行きわたらせるために、わたしたち自身をおささげいたします。わたしたちの言葉、心、行いは、いずれも拙(つたな)く貧しいものです。しかし主イエスはエルサレムに入られる時、一頭のろばの子を召し出され、その背に乗られました。わたしたちも「主がお入り用なのです」と呼びかけられ、用いられることを願います。

わたしたちをきよめ、主の御用にふさわしい者にしてください。御言葉をよく聴く耳と、主をたたえる唇を与えてください。自分自身ではなく神さまの御心に従わせてください。福音を伝える勇気を与えてください。隣人をいたわる愛を与えてください。右の手のすることを左の手に知らせない慎(つつし)みを与えてください。

わたしたち自身を御前にささげ、あなたの励ましと祝福を乞(こ)い願います。

主イエス・キリストの御名によって祈ります。アーメン。

■ 奉献の祈り (10)

愛する神さま、

御子イエス・キリストの十字架によってわたしたちの罪を贖(あがな)ってくださったあなたの大きな愛に、何をもってしても報いることはできません。それでもわたしたちは、御心がなりますようにと祈りながら、わたしたち自身をおささげいたします。

神さまの御用をいただいたサムエルは、「主よ、お話しください。僕(しもべ)は聞いております」とお答えしました。わたしたちも、御旨(みむね)をたずねながらあなたに仕える者にしてください。

わたしたちは貧しい空(から)の器です。あなたの愛で満たしてください。富や誉(ほま)れやこの世の知恵を求めるわたしたちをいましめ、すべてをあなたのご栄光に帰する者としてください。幼い者も高齢の者も、強いからだを持つ者もそうでない者も、男性も女性も、それぞれにふさわしいやり方で、神さまから受けた賜物(たまもの)を用いることができますように。あなたが必要とされるところに、わたしたちを遣(つか)わしてください。

尊(とうと)き主イエス・キリストの御名によって祈ります。アーメン。

■ 奉献の祈り (11)

神さま、わたしたちは今、あなたからありあまるほどの恵みを受けました。いただいたこの恵みは、わたしたちの命を養い、支えてくださる力です。罪と死の縄目から解き放ってくださる力であり、さまざまな誘惑から守ってくださる力です。

あなたからいただいたこの恵みはあまりにも大きく、わたしたちがどれほどあなたに感謝をささげても、感謝し尽くすことはとてもできません。

ここにささげるものは、あなたからいただいた計り知れない恵みへの感謝と自分自身をささげるしるしです。あなたの御計画のために用いてくださいますように。

これから始まる新しい一週間の歩みにおいても、あなたの恵みを忘れることなく、あなたの御意志に従う者とさせてください。あなたの戒(いまし)めを心に刻み付け、あなたを愛し、隣人を自分のように愛する者として歩みを進めることができますように。
御名によって祈ります。アーメン。

■ 奉献の祈り（12）

恵みと慈しみに富む主なる神さま、
今日も、わたしたち一人ひとりに御言葉と主の食卓の恵みを与えてくださいましたことを、心から感謝します。

あなたがわたしたちの心に語りかけてくださった御言葉は、わたしたちの言葉を超えた、命の言葉であることを知りました。あなたからいただいた御言葉をしっかりと心に刻みつけて、それぞれの道を歩むことができますように。

あなたは、パンと杯（さかずき）の恵みを通して、わたしたちの心とからだとを養ってくださっていること、そして一人ひとりに永遠の命を約束してくださっていることをも示してくださいました。そしてまた、あなたによってわたしたちが一つとされていることを、改めて味わい知ることができました。

ここにおささげしたものはあなたからいただいた多くの恵みへの感謝のしるしです。御国の業（わざ）のために用いてくださいますように。
御名によって祈ります。アーメン。

■ **奉献の祈り（献金後の感謝の祈り）(13)**
すべての祝福の源である神よ、
今、わたしたちが献げるものを受け入れてください。
そして、御名があがめられ、
御国の栄光があらわされますように。
主イエス・キリストの御名によって（祈ります）。アーメン。

■ **奉献の祈り（献金後の感謝の祈り）(14)**
主なる神よ、
わたしたちがもっているものは
みなあなたからいただいたものです。
そして、今この献げ物と共に、自分自身を
あなたの御用のためにお献げいたします。
どうか、それによって御心に適うことが行われますように。
主イエス・キリストの御名によって（祈ります）。アーメン。

■ **奉献の祈り（献金後の感謝の祈り）(15)**
恵み豊かな神よ、
感謝と喜びをもって、
今、この供え物をお献げいたします。
また、あわせて、わたしたちの全身全霊をお献げいたします。
どうか、わたしたちの日々の生活によって
天の父である、あなたがあがめられますように。
主イエス・キリストの御名によって（祈ります）。アーメン。

教会暦の構造

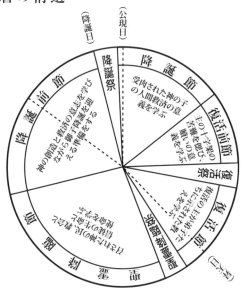

(『日毎の糧 2017——主日聖書日課・家庭礼拝暦』30頁より転載)

　一般的に教会暦は、降誕日（クリスマス）、復活日（イースター）、聖霊降臨日（ペンテコステ）という3つの大きな祝祭日と、その前後の期間（期節）によって構成されています。日本キリスト教団出版局聖書日課編集委員会の「新しい教会暦」では、そうした期節は、降誕日の準備期間である「降誕前節」（「待降節」を含む9主日）、降誕日から始まる「降誕節」（7〜10主日）、復活日の準備期間である「復活前節」（6主日）、復活日から始まる「復活節」（7主日）、そして聖霊降臨日から始まる聖霊降臨節（20〜24主日）に区分されています（上の図を参照）。

　「新しい教会暦」には教会暦の流れに沿って各主日の主題が提示されており、本書の「開式の祈り」はこの主題を念頭において作成されています。各年度の主日の主題については、『主日聖書日課・家庭礼拝暦——日毎の糧』（日本キリスト教団出版局）をご参照ください。

行事一覧

「元旦礼拝」…1月1日

「信教の自由を守る日」…2月11日

「世界祈祷日」…3月第1金曜日

「労働聖日（働く人の日）」…4月最終日曜日

「母の日」 5月第2日曜日

「アジア・エキュメニカル週間」…聖霊降臨日前の日曜日から土曜日まで

「子どもの日（花の日）」…6月第2日曜日

「日本基督教団創立記念日」…6月24日

「平和聖日」…8月第1日曜日

「世界聖餐日、世界宣教の日」…10月第1日曜日

「神学校日」…10月第2日曜日

「伝道献身者奨励日」…10月第2日曜日

「信徒伝道週間」…10月第3日曜日から土曜日まで

「教育週間」…10月第3日曜日から第4日曜日まで

「宗教改革記念日」…10月31日

「聖徒の日（永眠者記念日）」…11月第1日曜日

「障害者週間」…11月第2日曜日から土曜日まで

「収穫感謝日」…11月最終日曜日（降誕前第4主日と重なる年は1週間前になる）

「謝恩日」…11月最終日曜日（降誕前第4主日と重なる年は1週間前になる）

「社会事業奨励日」…12月第1日曜日

執筆者一覧

小栗 献（おぐり けん）(24, 26-34, 87-88, 105-106, 121-122 頁)
1962年岩手生まれ。東京神学大学大学院博士前期課程修了。日本基督教団神戸聖愛教会牧師。日本基督教団讃美歌委員会委員。関西学院大学非常勤講師。著書に『よくわかるキリスト教の礼拝』ほか。

越川 弘英（こしかわ ひろひで）(21-22, 25, 35, 42-43, 48-53, 69-75, 78-81, 89-90, 107-108, 123 頁)
1958年東京生まれ。同志社大学神学部、シカゴ神学校卒業。日本基督教団巣鴨ときわ教会牧師、同志社大学キリスト教文化センター教員を経て、現在、同志社大学名誉教授。著書に『信仰生活の手引き　礼拝』ほか。

小林 よう子（こばやし ようこ）(12-20, 23, 91-92, 109-110, 124 頁)
1955年大阪生まれ。関西学院大学神学部卒業。現在、日本基督教団八戸小中野教会牧師。著書に『これからを生きるあなたへ　聖書の知恵　箴言31日』ほか。

勝田 英嗣（しょうだ えいじ）(93-94, 111-112, 125 頁)
1949年東京生まれ。東京神学大学大学院博士前期課程修了。日本基督教団柿ノ木坂教会牧師、浜松教会牧師を歴任。著訳書に『「新しい教会暦」による説教への手引き』（共著）、『新約聖書の伝道理解』ほか。2022年逝去。

丹治 めぐみ（たんじ めぐみ）(36-41, 44-47, 95-96, 113-114, 126-127 頁)
1962年北海道生まれ。青山学院大学文学部卒業、東京大学大学院人文科学研究科修士課程修了。現在、玉川大学文学部教授。訳書に『ナザレの人イエス』ほか。

吉岡 光人（よしおか みつひと）(54-68, 81-84, 97-98, 115-116, 128-129 頁)
1960年東京生まれ。青山学院大学文学部、東京神学大学神学部卒業、同大学院博士前期課程修了。現在、日本基督教団吉祥寺教会牧師。共著に、『教会音楽ガイド』、『牧師とは何か』ほか。

監修：越川 弘英（こしかわ・ひろひで）

1958年東京生まれ。同志社大学神学部卒業、同大学大学院神学研究科博士課程前期課程修了、シカゴ神学校（CTS）卒業。日本基督教団中目黒教会伝道師・副牧師、巣鴨ときわ教会牧師、同志社大学キリスト教文化センター教員を経て、現在、同志社大学名誉教授。
著書に『信仰生活の手引き　礼拝』（日本キリスト教団出版局）、『旧約聖書の学び』『新約聖書の学び』（キリスト新聞社）ほか、訳書にC. V. ガーキン『牧会学入門』、J. F. ホワイト『キリスト教の礼拝』『キリスト教礼拝の歴史』（以上、日本キリスト教団出版局）、W. ウィリモン『牧師』（新教出版社）ほか。

監修：吉岡 光人（よしおか・みつひと）

1960年東京生まれ。青山学院大学文学部第二部卒業、東京神学大学神学部卒業、同大学院神学研究科博士課程前期課程修了。日本基督教団吉祥寺教会伝道師を経て、現在、同教会牧師。聖学院大学非常勤講師、日本聖書神学校理事長・非常勤講師、日本ルーテル神学校非常勤講師、キリスト教カウンセリングセンター（CCC）理事・講師、キリスト教メンタルケアセンター（CMCC）副理事長・スーパーヴァイザーを務める。
共著に『牧師とは何か』『教会音楽ガイド』（以上、日本キリスト教団出版局）、『よい相談相手になるために』（キリスト新聞社）ほか。

越川弘英、吉岡光人　監修
小栗献、小林よう子、勝田英嗣、丹治めぐみ　執筆

主日礼拝の祈り

2017年10月20日　初版発行
2025年6月5日　4版発行
© 小栗献、越川弘英、小林よう子、勝田英嗣、丹治めぐみ、吉岡光人 2017

発行　日本キリスト教団出版局
　　　169-0051
　　　東京都新宿区西早稲田2丁目3の18
　　　電話・営業03（3204）0422
　　　　　　編集03（3204）0424
　　　https://bp-uccj.jp

印刷・製本　三省堂印刷

ISBN978-4-8184-0985-9 C0016　日キ版
Printed in Japan

わたしたちの祈り50
越川弘英 編
● B6判／114頁／1200円

「一週間の夕べの祈り」「一年の祈り」「喜びの時の祈り」「慰めの時の祈り」の4つのテーマに分けた、家庭礼拝、病床訪問など多くの場面に用いることができる50編の祈り。

日々の祈り
J.H. ジョエット 著　日野原善輔 訳
● A6判／226頁／1500円

神の業への賛美、種々の職業にある人への祈りなど、キリスト教につらなる人々の信仰を時代や空間を超えて養い育てていく、日々の祈り366篇。

祈り こころを高くあげよう
渡辺正男 著
● 四六判／112頁／1100円

さまざまな状況や心境において、また教会暦に基づいて、著者ならではのやさしい言葉づかいで捧げられる祈りが、読む者に気づきと慰めを与える40編。祈り始めたい方への贈り物にも最適。

祈りのともしび 2000年の信仰者の祈りに学ぶ
平野克己 編
● 四六判／112頁／1200円

三浦綾子、八木重吉、マザー・テレサ、ジャン・カルヴァン、アッシジのフランチェスコら35名の信仰と祈り。二千年の歴史の中でささげられた祈りは、深い信仰の世界に誘う。

（価格は本体価格です。重版の際に定価が変わることがあります。）